公共图书馆文旅融合品牌建设实践与反思

张琪琪　李　雪／著

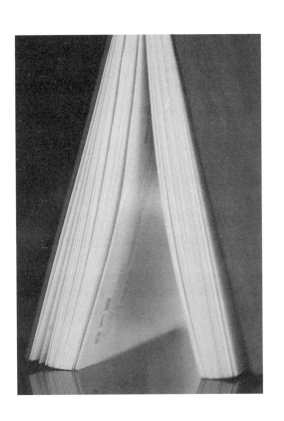

辽宁人民出版社

图书在版编目（CIP）数据

公共图书馆文旅融合品牌建设实践与反思 / 张琪琪，李雪著． -- 沈阳：辽宁人民出版社，2024．9．
ISBN 978-7-205-11291-2

Ⅰ．G259.252；F592

中国国家版本馆 CIP 数据核字第 2024FR8428 号

出版发行：辽宁人民出版社
　　　　　地址：沈阳市和平区十一纬路 25 号　邮编：110003
　　　　　电话：024-23284191（发行部）　024-23284304（办公室）
　　　　　http：//www.lnpph.com.cn
印　　刷：天津光之彩印刷有限公司
幅面尺寸：170mm×240mm
印　　张：12
字　　数：130 千字
出版时间：2024 年 9 月第 1 版
印刷时间：2024 年 9 月第 1 次印刷
责任编辑：孙娇娇
装帧设计：一诺设计
责任校对：吴艳杰
书　　号：ISBN 978-7-205-11291-2

定　　价：48.00 元

前　言

　　本书首先介绍了文旅融合的背景和意义，分析了公共图书馆在文旅融合中的角色和定位。随后，作者详细阐述了公共图书馆品牌建设的核心要素，包括品牌理念、品牌形象、品牌活动和品牌传播等。书中以多个公共图书馆的实践案例为例，展示了这些图书馆如何通过创新的品牌建设实践，实现了与文化旅游产业的有机融合，提升了图书馆的服务质量和影响力。同时，本书也深入反思了公共图书馆在文旅融合品牌建设过程中遇到的问题和挑战，如品牌定位不明确、品牌形象不突出、品牌活动单一等。针对这些问题，作者提出了一系列改进措施，如明确品牌定位、强化品牌形象、创新品牌等，以期帮助公共图书馆更好地应对文旅融合的挑战，提升自身的服务质量和竞争力。本书内容丰富，案例生动，既有理论分析，也有实践指导，对于公共图书馆从业者、文化旅游从业者以及相关研究者具有一定的参考价值。通过阅读本书，读者可以了解公共图书馆在文旅融合背景下的品牌建设现状和趋势，掌握品牌建设的核心要素和实用技巧，为公共图书馆的创新发展提供有益的启示。

目　录

第一章　文旅融合的背景和意义

一、文旅融合的概念与发展

（一）文旅融合的定义

文旅融合是指将文化产业和旅游产业相互融合，通过文化资源的开发和旅游产品的创新，实现两个产业的互动和共赢。在过去的几年中，文旅融合已经成为一个热门的话题和研究领域。传统上，文化和旅游被视为两个独立发展的行业，但随着社会经济的不断发展和人们生活水平的提高，人们对于文化的需求也在不断增加。为了满足人们对文化体验的需求，文化产业逐渐走进人们的日常生活，而旅游作为一种消遣方式也变得越来越受欢迎。文旅融合的背景是多方面的。首先，随着社会经济的发展，人们对于文化体验的需求不断增加，这就为文旅融合提供了市场需求的基础。其次，文化产业和旅游产业具有互补的特点，通过将两者结合起来，可以实现资源共享和优势互补。此外，文化产业和旅游产业在发展过程中都面临着一些问题和挑战，通过文旅融合可以共同应对这些问题，实现共同发展和创新。文旅融合意义重大。首先，文旅融合可以促进文化产业和旅游产业的协同发展，实现资源优化配置和产业结构的优化升级。其次，通过文旅融合，可以促进传统文化的传承和创新，让更多人了解和关注传统文化。再次，文旅融合可以丰富旅游产品和增加游客的体验价值，提高旅游业的盈利能力。最后，文旅融合可以促进城市的综合发展，提升城市的文化品位和吸引力，加强文化软实力的塑造。文旅融合是一种新的发展模式，具有十分重要的意义。通过将文化产业和旅游产业相互融合，可以促进两个产业的共同发展，实现资源的优化配置和经济效益的最大化。同时，文旅融合也可以促进传统文化的传承和创新，丰富旅游产品，提升城市的文化品位和吸引力。文旅融合已经成为一个重要的发展方向，在未来的发展中将发挥越来越重要的作用。

（二）文旅融合的历史演进

文旅融合，即文化旅游融合，是指将文化与旅游两个产业领域进行深度整合，实现资源共享、优势互补、协同发展的过程。这一过程的历史演进，既体现了人类文明发展的轨迹，也反映了社会经济结构变革的必然要求。在古代，文化与旅游的融合已初露端倪。古代文明遗址、历史建筑、宗教寺庙等，既是当时人们的精神寄托，也是今天游客探寻历史、体验文化的重要场所。这些文化遗产既是历史的见证，也是旅游资源的宝贵财富。随着社会的进步，人们对于精神文化生活的需求日益增长，文化旅游逐渐成为一种时尚和趋势。进入现代社会，文旅融合的步伐明显加快。一方面，旅游业的发展促进了文化的传播与交流，让更多人有机会亲身体验不同地域、不同民族的文化魅力。另一方面，文化的繁荣也为旅游业提供了更加丰富的内涵和更广阔的发展空间。文化元素与旅游资源的深度融合，使得旅游产品更加多样化、个性化，满足了游客日益增长的多元化需求。在全球化的大背景下，文旅融合更成为推动文化产业和旅游产业国际化发展的重要手段。通过加强国际文化交流与合作，不仅可以提升本国文化的国际影响力，还可以吸引更多外国游客，促进旅游业的繁荣。同时，国际旅游市场的竞争也促使各国更加注重文旅融合，以独特的文化魅力吸引游客，增强国家软实力。进入新时代，文旅融合迎来了新的发展机遇。随着科技的进步和互联网的普及，文化与旅游的融合方式不断创新，线上文化旅游、虚拟现实旅游等新型业态不断涌现。这些新技术、新模式的应用，不仅丰富了文旅融合的内涵，也为文旅产业带来了新的增长点。纵观文旅融合的历史演进，可以看出这是一个不断深化、不断拓展的过程。从古代的遗址寺庙到现代的国际旅游胜地，从简单的观光游览到深度的文化体验，文旅融合不断推动着文化产业和旅游产业的创新与发展。随着社会的不断进步和科技的持续发展，文旅融合必将迎来更加广阔的前景和更加美好的未来。

（三）当前文旅融合的发展趋势

在当前社会背景下，文旅融合已成为全球范围内的一个重要发展趋势。随着人们生活水平的提高和休闲方式的多样化，传统的观光旅游已不能满足人们日益增长的精神文化需求。因此，文化和旅游的结合，成为推动旅游业转型升级、满足人们多元化和深层次需求的必然选择。文旅融合的发展，不仅体现在旅游产品的创新和升级上，更体现在旅游产业链条的完善和拓展上。一方面，传统的文化资源通过现代旅游手段的包装和推广，焕发出新的生机和活力。例如，通过虚拟现实、增强现实等先进技术，让游客身临其境地体验历史文化遗址的魅力；通过文化创意产业的介入，将传统文化元素与现代设计理念相结合，打造出独具特色的文创产品，满足游客的个性化需求。另一方面，文旅融合也促进了旅游产业的跨界合作和资源整合。旅游业与文化、体育、农业等产业的深度融合，不仅丰富了旅游产品的内涵和形式，也拓展了旅游产业的发展空间。例如，体育旅游、乡村旅游、研学旅游等新型旅游业态的兴起，就是在文旅融合背景下，通过整合不同产业资源，打造出的具有独特魅力和市场竞争力的旅游产品。同时，文旅融合还推动了旅游目的地的品牌建设和形象提升。通过深入挖掘当地的文化内涵，打造具有地域特色的旅游品牌，不仅能够吸引更多游客前来游览，也能够提升目的地的知名度和美誉度。这对于促进地方经济发展、传承和弘扬传统文化、提升城市形象等方面都具有重要意义。此外，随着全球化和互联网技术的发展，文旅融合也呈现出国际化、网络化的发展趋势。一方面，通过加强国际间的文化交流与合作，推动旅游产品的国际化推广和营销，吸引更多国际游客前来体验；另一方面，利用互联网和新媒体平台，实现旅游信息的快速传播和旅游服务的在线化、智能化，提升游客的旅游体验和满意度。当前文旅融合的发展趋势不仅体现在旅游产品和服务的创新升级上，更体现在旅游产业链条的完善和拓展上。通过文旅融合，不仅可以推动旅游业的转型升级和可持续发展，也可以促进文化的传承和弘扬，实现经济、文化、社会等多方面的共赢。

二、公共图书馆在文旅融合中的角色和定位

（一）公共图书馆作为文化传承的重要载体

在文旅融合的大背景下，公共图书馆扮演着文化传承的重要载体的角色，其定位不仅仅局限于提供图书借阅服务，更在于成为连接文化、旅游和教育的重要枢纽。公共图书馆拥有丰富的馆藏资源和多样化的服务形式，这些资源和服务对于文旅融合具有深远的意义。公共图书馆是地方文化的重要守护者。它们收藏了大量关于地方历史、民俗、艺术等方面的文献资源，这些资源是了解一个地方文化脉络的重要窗口。通过整理和展示这些资源，公共图书馆为游客和市民提供了一个深入了解地方文化的平台，促进了文化旅游的发展。公共图书馆通过举办各类文化活动，如讲座、展览、读书会等，为市民和游客提供了文化交流的场所。这些活动不仅丰富了市民的精神文化生活，也为游客提供了一种全新的旅游体验，让游客在旅途中不仅能欣赏到美丽的自然风光，还能感受到浓郁的文化氛围。公共图书馆在推广全民阅读、提高市民文化素质方面也发挥着不可替

代的作用。通过推广阅读，公共图书馆不仅提升了市民的文化素养，也为文旅融合提供了坚实的基础。一个具有良好文化素养的市民群体，更容易欣赏和理解地方文化，从而推动文化旅游的深入发展。在文旅融合的背景下，公共图书馆还应加强与旅游部门的合作，共同开发文化旅游产品，将图书馆的文化资源转化为旅游产品，为游客提供更加丰富的文化体验。同时，公共图书馆也可以借鉴旅游业的营销手段，提高自身的知名度和影响力，吸引更多的市民和游客前来参观和使用。公共图书馆在文旅融合中扮演着文化传承的重要载体角色。通过保护和传承地方文化、举办文化活动、推广全民阅读以及加强与旅游部门的合作，公共图书馆不仅为市民和游客提供了丰富的文化体验，也为文化旅游的发展注入了新的活力。未来，随着文旅融合的深入推进，公共图书馆的角色和定位将更加凸显，成为推动文化旅游发展的重要力量。

（二）公共图书馆在旅游服务中的独特作用

文旅融合，即文化与旅游的融合，是当前文化发展和旅游产业升级的重要趋势。在文旅融合的大背景下，公共图书馆作为文化的重要载体和旅游服务的重要组成部分，扮演着极其重要的角色，具有独特的定位和作用。公共图书馆在文旅融合中的角色和定位，首先体现在其对文化的保存、整理和传播职能上。图书馆拥有丰富的馆藏资源，包括历史文献、古籍、地方志等，这些都是文化的重要传承载体。通过公共图书馆，人们可以更深入地了解和感受一个地方的历史文化，从而增强文化认同感和归属感。而在旅游中，人们对目的地的文化了解和体验，往往是旅游体验的重要组成部分。因此，公共图书馆在文旅融合中，就扮演了一个文化传承者和旅游服务提供者的角色。公共图书馆在旅游服务中的独特作用，主要体现在其能够提供独特的文化体验和旅游产品。以建筑要素作为切入点，图书馆可以实现空间融合，打造出独特的文化景观。例如，一些图书馆因其独特的设计和建筑风格，已经成为一个新的旅游目的地。在这里，游客不仅可以欣赏到建筑的美，还可以沉浸在书海中，体验阅读的乐趣。这不仅为游客提供了一个全新的旅游体验，也为图书馆带来了更多的人流和关注。此外，图书馆还可以通过举办各类文化活动和展览，如书画展览、文学作品朗诵会、历史文化讲座等，为游客提供更加深入的文化体验。这些活动不仅能够让游客更好地了解和感受地方文化，还能够激发他们对文化的热爱和追求，从而达到传播和推广文化的目的。公共图书馆在文旅融合中，以其丰富的文化资源和独特的服务，为旅游者提供了一个全新的旅游体验，也为文化的传承和发展提供了一个新的平台。在未来的发展中，公共图书馆应继续深化文旅融合，不断创新服务方式，提升服务质量，以更好地发挥其在旅游服务中的独特作用。

（三）公共图书馆文旅融合的品牌建设策略

在文旅融合的大背景下，公共图书馆作为重要的文化服务机构，扮演着不可或缺的角色。品牌建设作为公共图书馆在文旅融合中提升影响力、吸引力和竞争力的关键策略，显得尤为重要。公共图书馆在品牌建设过程中，应深入挖掘自身文化底蕴，结合地方特色，打造独特的文化品牌。公共图书馆拥有丰富的文献资源、专业的服务团队和广阔的空间场所，这些都是构建品牌的重要基础。图书馆可以通过举办主题展览、文化讲座、读者活动等形式，展示自身文化魅力，吸引读者参与。同时，结合当地的历史文化、自然风光等旅游资源，开发具有地方特色的文旅产品，如旅游指南、文化地图等，将图书馆的文化元素融入旅游体验中，提升游客的文化获得感。在品牌建设过程中，公共图书馆应注重品牌形象的塑造和传播。通过统一的视觉识别系统、标识设计、宣传口号等手段，塑造独特的品牌形象，增强品牌的辨识度和记忆度。同时，利用新媒体、社交媒体等多元化传播渠道，加强与读者的互动沟通，提升品牌知名度和影响力。此外，公共图书馆还应注重品牌服务的提升和创新。通过优化服务流程、提升服务质量、创新服务模式等手段，为读者提供便捷、高效、个性化的服务体验。例如，设立旅游信息中心、提供旅游咨询服务、开发移动应用程序等，满足游客在旅游过程中的文化需求，提升品牌的满意度和忠诚度。在文旅融合的大背景下，公共图书馆的品牌建设是一个系统工程，需要多方面的努力和配合。通过深入挖掘自身文化底蕴、塑造独特的品牌形象、提升品牌服务的质量和创新性，公共图书馆将在文旅融合中发挥更加重要的作用，为推动文化产业和旅游产业的繁荣发展做出更大的贡献。同时，公共图书馆的品牌建设也将为图书馆事业的发展注入新的活力和动力，推动图书馆事业不断创新和发展。

三、文旅融合对公共图书馆的影响

（一）服务模式的转变与升级

文旅融合对公共图书馆的影响，主要体现在以下几个方面。文旅融合促进了公共图书馆服务模式的多元化。传统的图书馆主要提供书籍借阅和信息服务，而在文旅融合的背景下，图书馆开始拓展其服务范围，融入更多文化体验和旅游元素。例如，图书馆可以举办各类文化讲座、展览、演出等活动，吸引游客和读者参与，使其不仅是知识的殿堂，更是文化交流的场所。文旅融合推动了公共图书馆的数字化进程。随着科技的发展，数字化已成为图书馆发展的重要趋势。在文旅融合的背景下，图书馆需要利用数字技术，如虚拟现实（VR）、增强现实（AR）等，打造线上线下相结合的服务模式。读者和游客可以通过这些技术手段，体验到更加生动、立体的文化内容，提升他们的参与度和满意度。文旅融合还加强了公共图书馆与社区、旅游景点的联动。图书馆可以与周边的旅游景点、文化机构等建立合作关系，共同开发文化旅游资源，推出特色文化产品和服务。这种联动不仅丰富了图书馆的服务内容，也提升了其在当地文化旅游产业链中的价值。文旅融合对公共图书馆的服务模式提出了更高的要求。图书馆需要不断提升自身的服务质量和水平，创新服务方式，以满足读者和游客日益增长的文化需求。同时，图书馆还需要加强自身的品牌建设，提升在文化旅游市场中的知名度和影响力。

文旅融合对公共图书馆的服务模式产生了深远的影响。图书馆需要积极应对这一变化，不断创新服务方式，拓展服务领域，以适应新的发展趋势。只有这样，图书馆才能在文旅融合的大潮中立于不败之地，为推动文化事业的繁荣发展做出更大的贡献。

（二）用户需求的变化与满足

用户需求的变化是这种变革的核心驱动力。随着物质生活水平的提高，公众对于精神文化生活的追求也日益增强，传统的图书馆服务模式已难以满足现代读者的多元化需求。特别是在文旅融合的背景下，用户不再仅仅满足于借阅图书和获取信息，他们更期待在图书馆中体验到文化的魅力和旅游的乐趣。用户的需求变化主要体现在对于体验性、互动性和个性化服务的高度要求上。他们希望在图书馆中能够参与到各种文化活动中，如讲座、展览、工作坊等，与图书馆员和其他读者进行深入的交流，分享阅读心得和文化体验。同时，他们也期待图书馆能够提供个性化的推荐服务，根据他们的阅读偏好和兴趣，推送合适的书籍和活动信息。为了满足这些变化的需求，公共图书馆需要积极调整自身的服务模式和策略。一方面，图书馆可以加强与当地文化机构和旅游部门的合作，共同策划和组织各种文化活动和旅游项目，吸引更多的读者前来参与。另一方面，图书馆也可以利用现代科技手段，如大数据分析、人工智能等，对读者的阅读行为和兴趣偏好进行深入分析，为他们提供更加精准和个性化的服务。在文旅融合的背景下，公共图书馆还需要注重自身的品牌建设和营销推广。通过打造独特的文化品牌和活动品牌，提升图书馆的知名度和影响力，吸引更多的读者前来体验和参与。同时，图书馆也可以利用社交媒体等新媒体平台，加强与读者的互动和沟通，提升用户黏性和满意度。文旅融合对公共图书馆的影响是深远的，它要求图书馆不仅要关注读者的知识需求，还要关注他们的文化需求和旅游需求。只有不断创新服务模式，提升服务质量，才能满足用户的多元化需求，实现图书馆的可持续发展。

（三）公共图书馆在文旅融合中的社会责任

公共图书馆在文旅融合中的社会责任是非常重大的。第一，公共图书馆作为文化的窗口和知识的载体，承担着向公众提供丰富的文化资源和知识服务的角色。在文旅融合的过程中，公共图书馆应当充分利用自身的资源和特点，积极推动文化和旅游的融合，提供更多符合旅游需求的文化服务，满足游客对知识和文化的需求，为游客提供便捷的信息服务和全方位的文化体验。第二，公共图书馆作为文化教育的机构，应当承担起培养公众文化素养和旅游意识的责任。在文旅融合中，公共图书馆可以开展一系列的文化教育活动，如举办讲座、展览、培训等，引导公众对文化和旅游进行深入的了解和认识，提高公众的旅游素养和文化素质。第三，公共图书馆还应当发挥档案、资料收集和整理的功能，为旅游行业提供专业性的服务。在文旅融合中，公共图书馆可以建立文化遗产、旅游资源等相关档案资料库，并向旅游从业人员提供各类资料查询服务和研究支持，为旅游业的发展提供可靠的信息支持。第四，公共图书馆还有责任推动文旅融合的创新发展。在文化旅游的融合中，公共图书馆可以与其他文化和旅游机构进行深度合作，共同推出精品展览、文化活动等，提供更多的文旅产品和服务。同时，公共图书馆还可以积极借鉴国内外的文旅融合实践经验，加强与其他地区和国家的合作交流，促进文旅融合的国际化发展。公共图书馆在文旅融合中的社会责任是非常重要的。

公共图书馆应当积极推动文化和旅游的融合，为游客提供全方位的文化服务和知识支持，培养公众的旅游素养和文化素质，为旅游业提供专业信息支持，推动文旅融合的创新发展。公共图书馆应当充分发挥其资源优势和服务功能，在文旅融合中发挥积极的作用，为社会和公众创造更多的文化和旅游价值。

四、公共图书馆文旅融合品牌建设的必要性

（一）提升公共图书馆的社会影响力

在文旅融合的大背景下，公共图书馆的品牌建设显得尤为必要。文旅融合是指将文化和旅游紧密结合，通过资源共享、优势互补的方式，实现两者的相互促进和共同发展。这种融合不仅有助于推动文化产业和旅游产业的升级转型，还能提升城市的知名度和影响力，为经济发展注入新的活力。公共图书馆作为城市文化的重要组成部分，其文旅融合品牌建设的必要性主要体现在以下几个方面。

提升公共图书馆的社会影响是文旅融合品牌建设的核心目标。公共图

书馆作为公益性质的文化服务机构，承担着传承文化、普及知识、服务大众的重要使命。通过文旅融合品牌建设，公共图书馆可以将自身的资源优势转化为品牌优势，吸引更多的读者和游客前来参观、学习和体验。这不仅能够增加公共图书馆的客流量，提高公共图书馆的知名度和美誉度，还能让更多的人了解图书馆的文化内涵和社会价值，从而增强公共图书馆的社会影响力。

文旅融合品牌建设有助于推动公共图书馆的创新发展。在文旅融合的背景下，公共图书馆需要不断创新服务方式、拓展服务领域，以满足读者和游客的多元化需求。通过品牌建设，公共图书馆可以引入更多的创意元素和文化资源，打造具有特色的文化产品和服务，如主题展览、文化讲座、互动体验等。这些创新性的服务不仅能够提升读者的阅读体验，还能吸引更多的游客前来参观，从而推动公共图书馆的创新发展。

文旅融合品牌建设有助于促进公共图书馆与社会的互动交流。公共图书馆作为城市文化的重要窗口，其文旅融合品牌建设可以促进公共图书馆与社会各界的互动交流，增强公共图书馆的社会责任感和使命感。通过与社会各界的合作与交流，公共图书馆可以更好地了解社会需求和公众期望，从而不断改进服务质量、提升服务水平。同时，这种互动交流也能让公共图书馆更好地融入城市文化体系，成为城市文化发展的重要力量。

（二）促进文化旅游产业的融合发展

公共图书馆文旅融合品牌建设的必要性在于它能够促进文化旅游产业

的融合发展，提升服务质量和水平，拓展合作伙伴和资源渠道，以及提升文化软实力和国际影响力。

在文旅融合的大背景下，公共图书馆作为文化的重要载体和传播媒介，其品牌建设不仅关乎图书馆自身的发展，更是对文化旅游产业融合发展的有力推动。公共图书馆拥有丰富的文献资源、阅读空间以及文化活动组织能力，这些资源在文旅融合中能够发挥独特的作用。通过品牌建设，公共图书馆可以进一步挖掘和整合文化资源，将其转化为具有吸引力的旅游产品，从而吸引更多游客前来参观体验。

品牌建设有助于公共图书馆提升服务质量和水平。在文旅融合的过程中，公共图书馆需要不断提升自身的服务水平，以满足游客日益增长的文化需求。通过品牌建设，图书馆可以建立起一套完善的服务体系，包括阅读推广、文化活动策划、旅游导览等，为游客提供更加丰富多样的文化体验。这种服务质量的提升，不仅能够增强游客的满意度和忠诚度，还能够促进文化旅游产业的可持续发展。

品牌建设有助于公共图书馆拓展合作伙伴和资源渠道。在文旅融合的背景下，公共图书馆需要与其他文化机构、旅游企业等建立紧密的合作关系，共同开发文化旅游产品，拓展市场份额。通过品牌建设，图书馆可以提升自身的影响力和知名度，吸引更多的合作伙伴前来洽谈合作。这种合作不仅可以为图书馆带来更多的资源和资金支持，还能够推动文化旅游产业的深度融合和创新发展。

品牌建设有助于公共图书馆提升文化软实力和国际影响力。在全球化的大背景下，文化交流与合作日益频繁，公共图书馆作为文化的重要窗口和平台，其品牌建设对于提升文化软实力和国际影响力具有重要意义。通过品牌建设，图书馆可以展示自身的文化特色和优势，增强国际间的文化认同和互信，推动中华文化的海外传播和交流。这种文化软实力的提升，不仅能够增强国家的整体竞争力，还能够为文化旅游产业的国际化发展奠定坚实基础。

（三）满足人民群众日益增长的文化旅游需求

随着社会的快速发展和人民生活水平的持续提高，人民群众对于精神文化生活的追求日益增强，对文化旅游的需求也日益增长。公共图书馆作为推广阅读文化、传播知识信息的重要阵地，其文旅融合品牌建设的必要性愈发凸显。文旅融合品牌建设有助于公共图书馆更好地满足人民群众日益增长的文化旅游需求。在文旅融合的背景下，图书馆不再仅仅是提供书籍阅读和借阅的场所，更是一个集文化体验、知识交流、休闲娱乐等多功能于一体的综合性文化旅游空间。这样的转变使得图书馆能够更好地适应时代的发展，满足人民群众对于多元化、个性化文化体验的需求。通过文旅融合，图书馆可以引入更多的文化旅游资源，丰富其服务内容，提升服务质量。同时，通过与旅游产业的深度融合，图书馆可以扩大自身的社会影响力，吸引更多的游客和读者前来参观和体验，从而进一步推动文化旅游事业的发展。在文旅融合的过程中，图书馆需要不断探索和创新，以适应新的市场需求和读者需求。这种创新不仅包括服务模式的创新，还包括管理模式的创新、技术应用的创新等。通过创新，图书馆可以不断提升自身的核心竞争力，实现可持续发展。在文旅融合的背景下，图书馆需要与社会各界进行更广泛的合作与交流，共同推动文化旅游事业的发展。这种深度融合不仅可以促进图书馆自身的发展，还可以为社会的文化繁荣和经济发展做出积极贡献。满足人民群众日益增长的文化旅游需求是公共图书馆文旅融合品牌建设的核心目标。通过文旅融合品牌建设，图书馆可以更好地适应时代的发展，提升服务水平和影响力，促进创新发展，推动与社会的深度融合，为人民群众提供更加优质、多元的文化旅游体验。

第二章 公共图书馆品牌建设的核心要素

一、品牌理念的构建与传达

（一）明确品牌定位与核心价值

公共图书馆品牌建设的核心要素之一是品牌理念的构建与传达。品牌理念是图书馆品牌的核心，它决定了图书馆的品牌形象、品牌定位和品牌价值。公共图书馆的品牌定位应该基于自身的特色和优势，明确自己的服务对象和目标，以满足不同用户的需求。公共图书馆应该注重自身的公益性、开放性、知识性、创新性等特点，以提供高质量的阅读服务为核心，打造具有特色的图书馆品牌。公共图书馆的品牌核心价值应该以用户为中心，注重用户体验和服务质量。公共图书馆应该注重提供优质的阅读环境、丰富的阅读资源、专业的阅读指导、便捷的阅读服务等方面，以满足用户的需求和期望。同时，公共图书馆还应该注重品牌形象的塑造，包括馆舍建筑、内部装饰、标识系统等方面，以提升品牌形象和知名度。

为了构建和传达品牌理念，公共图书馆应该制定长期的品牌战略规划，明确品牌定位、品牌形象、品牌传播等方面的目标，并制定相应的实施计划和措施。公共图书馆可以通过多种渠道进行品牌传播，如官方网站、社交媒体、宣传册、广告等。同时，公共图书馆还可以与媒体、文化机构等合作，共同推广图书馆品牌。公共图书馆应该注重提升服务质量，包括提供优质的阅读环境、丰富的阅读资源、专业的阅读指导、便捷的阅读服务等方式。同时，公共图书馆还应该注重用户反馈，不断改进服务质量。公共图书馆应该注重用户参与，如举办读者座谈会、读书分享会、志愿者活动等，增强用户对品牌的认同感和归属感。公共图书馆可以根据自身的特色和优势，打造具有特色的服务项目，如数字化服务、主题展览、讲座等，以吸引更多的用户。公共图书馆品牌建设的核心要素包括品牌理念的构建与传达、品牌定位与核心价值的明确等方面。通过制定品牌战略规划、建立品牌传播渠道、提升服务质量、注重用户参与和打造特色服务等方面的工作，公共图书馆可以不断提升品牌形象和知名度，为用户提供更好的阅读服务体验。

（二）制定品牌发展战略

在公共图书馆品牌建设中，制定品牌发展战略是一个非常重要的核心要素。品牌发展战略是指为了实现公共图书馆品牌建设的目标和愿景，制定出一系列的战略和措施，以促进品牌的发展和增强品牌的竞争力。在制定品牌发展战略时，公共图书馆需要明确自己的品牌定位。品牌定位是指通过独特的属性和价值观念，在目标用户中树立自己的形象和地位。公共图书馆可以通过提供高质量的图书馆服务、打造良好的读者体验和关注社会公益等方式来树立自己的品牌形象。

公共图书馆还需要考虑到市场需求和竞争情况，制定出相应的品牌战略。市场需求和竞争情况是公共图书馆品牌发展的外部环境因素，对品牌发展战略的制定有着重要的影响。公共图书馆可以通过市场调研和竞争分析，了解目标用户的需求和竞争对手的优势劣势，从而制定出更加有效的品牌战略。在制定品牌发展战略时，公共图书馆还需要考虑到自身的资源和能力，制定出可行且有效的战略措施。公共图书馆的资源和能力包括人力资源、财力资源、技术资源等方面，品牌发展战略需要充分考虑到这些资源和能力的利用和整合，以实现战略目标。

公共图书馆还需要制定品牌发展的时间表和目标。时间表和目标的设定有助于公共图书馆明确品牌发展的方向和步骤，确保品牌发展的顺利进行。时间表和目标可以根据公共图书馆自身的实际情况和可行性进行制定，并且需要进行不断的评估和调整，以保证品牌发展战略的实施效果。

制定品牌发展战略是公共图书馆品牌建设的核心要素之一。在制定品牌发展战略时，公共图书馆需要明确品牌定位、考虑市场需求和竞争情况、充分利用自身资源和能力，并制定时间表和目标，以实现品牌发展的目标和愿景。通过科学有效的品牌发展战略，公共图书馆可以提升自身的品牌价值和竞争力，为读者提供更好的图书馆服务。

（三）品牌理念的内部传达与员工培训

品牌理念不仅仅是对外的宣传口号，更是图书馆内部每一位员工心中的信仰和行动指南。在公共图书馆品牌建设的道路上，品牌理念的内部传达与员工培训显得尤为关键。内部传达是品牌理念落地的第一步。图书馆管理层需要通过多种渠道和方式，将品牌理念深入到每一个员工的日常工作中。这包括但不限于定期的会议宣讲、内部培训、工作坊等形式。通过这些活动，管理层可以详细解读品牌理念的内涵，阐述其与图书馆日常运营、服务提升等方面的紧密联系，使员工对品牌理念有更加全面、深刻的认识。员工培训则是品牌理念内化的重要环节。图书馆应该制定系统的培训计划，将品牌理念融入培训课程之中。培训内容可以包括品牌理念的具体解读、如何在日常工作中践行品牌理念、如何通过优质服务传递品牌理念等。通过培训，员工不仅能够理解品牌理念的重要性，还能够掌握在实际工作中如何运用品牌理念，从而真正将品牌理念转化为工作动力和服务质量。此外，图书馆还应该建立相应的激励机制，鼓励员工在日常工作中积极践行品牌理念。这可以通过表彰先进、树立榜样等方式，让表现优秀的员工得到应有的荣誉和奖励。同时，图书馆也要关注员工的反馈和建议，不断完善品牌理念的传达和培训体系，确保品牌理念能够在图书馆内部得到广泛而深入的传播。在品牌理念的内部传达与员工培训过程中，图书馆还要注重文化的塑造和氛围的营造。通过举办文化活动、建立共享空间等方式，营造出一个积极向上、富有创新精神的工作环境，让员工在潜移默化中接受品牌理念的熏陶和影响。品牌理念的内部传达与员工培训是公共图书馆品牌建设不可或缺的一环。通过有效的内部传达和系统的员工培训，图书馆不仅能够确保品牌理念得到深入人心的传播，还能够激发员工的工作热情和创新精神，为图书馆的品牌建设提供坚实的内部支撑。

（四）品牌理念的对外传播策略

品牌理念的对外传播策略是公共图书馆品牌建设中的关键环节，它涉及如何将图书馆的核心价值、使命和愿景有效地传达给公众，从而塑造和提升图书馆的品牌形象。一个清晰、独特且富有吸引力的品牌理念，对于增强图书馆的社会影响力、吸引读者、促进服务创新等方面都具有重要作用。在对外传播品牌理念时，公共图书馆需要采取一系列策略，确保信息能够准确、高效地传达给目标受众。图书馆需要明确其品牌定位，即要清晰地知道自己是谁、有什么特色、服务于哪些人群，从而确立自己在社会文化服务体系中的独特地位。这要求图书馆对自身的资源、服务、环境等进行深入分析和评估，找出自己的优势和特色，形成具有辨识度的品牌定位。图书馆需要设计一套完整的品牌传播体系，包括品牌标识、宣传口号、形象宣传片等视觉和听觉元素以及官方网站、社交媒体、宣传册等传播渠道。这些元素和渠道应该统一、协调，能够准确传达图书馆的品牌理念。同时，图书馆还需要根据目标受众的特点和需求，选择合适的传播方式和渠道，确保信息能够准确到达。在传播过程中，图书馆需要注重与公众的互动和沟通，积极回应公众的反馈和需求，形成良好的品牌口碑。这可以通过举办读者活动、开展读者调查、建立读者反馈机制等方式实现。通过与公众的互动，图书馆不仅可以了解读者的需求和期望，还可以及时调整自己的服务策略和方向，更好地满足读者的需求。图书馆还需要充分利用各种媒体和平台，扩大品牌的影响力。例如，可以与主流媒体合作，进行品牌宣传和推广；可以利用社交媒体平台，与读者进行实时互动和交流；还可以通过与其他文化机构、教育机构等合作，共同举办活动或开展项目，提升品牌的知名度和美誉度。品牌理念的对外传播策略是公共图书馆品牌建设中的关键环节。通过明确品牌定位、设计传播体系、与公众互动沟通、利用媒体平台等多种方式，图书馆可以将自己的品牌理念有效地传达给公众，塑造和提升品牌形象，为社会的文化发展和知识传播做出更大的贡献。

二、品牌形象的打造与塑造

（一）图书馆建筑风格与空间设计

图书馆作为知识与文化的聚集地，其建筑风格与空间设计不仅直接关系到读者的直观感受，更是塑造品牌形象、展现文化内涵的重要载体。在品牌形象的打造与塑造过程中，图书馆的建筑风格与空间设计扮演着举足轻重的角色。图书馆的建筑风格首先要与所在地的文化脉络相契合，能够体现地域特色和历史底蕴。无论是古典的庄重与雅致，还是现代的简约与时尚，建筑风格的选择都应当与城市的整体风貌相协调，使图书馆成为城市文化地标的一部分。同时，建筑风格也要能够反映出图书馆的功能定位和服务理念，为读者营造一个安静、舒适、充满学术氛围的阅读空间。在空间设计上，图书馆需要充分考虑到读者的阅读需求和行为习惯。合理的空间布局能够让读者在寻找书籍、借阅资料时更加便捷高效。例如，通过设立开放式书架、设置多功能阅读区、提供安静的自习室等，满足不同读者的个性化需求。此外，图书馆的空间设计还要注重人文关怀，营造出温馨、亲切的氛围，让读者在获取知识的同时，也能感受到家的温暖。现代图书馆的空间设计还要兼顾数字化、信息化的发展趋势。随着电子书籍、网络资源的日益丰富，图书馆需要为读者提供便捷的数字阅读平台。因此，在空间规划中，要合理规划电子阅览区、多媒体服务区等现代化设施，使图书馆在保持传统优势的同时，也能跟上时代发展的步伐。图书馆的建筑风格与空间设计是品牌形象打造的关键环节。它们不仅关乎图书馆的实用性和功能性，更直接关系到读者对图书馆的整体印象和认同感。因此，在品牌建设的过程中，必须高度重视图书馆的建筑风格与空间设计，通过精心规划和巧妙设计，为读者创造一个既美观又实用的阅读环境，进一步提升图书馆的品牌形象和影响力。

（二）馆内文化氛围的营造

公共图书馆的品牌形象是其在读者心中的印象和认知。馆内文化氛围的营造是公共图书馆品牌形象塑造的核心要素之一。在公共图书馆建设中，馆内文化氛围的营造不仅可以提升读者体验感和满意度，还能增强图书馆的社会影响力和认可度。公共图书馆作为知识和文化的载体，应该提供丰富多样的图书、期刊、报纸等阅读资源，满足不同读者的需求。除了各类纸质阅读资源外，公共图书馆还应积极引入数字化资源，如电子书籍、音频书籍等，以适应时代的发展和读者的多样化需求。公共图书馆应该定期举办各类阅读活动，如读书分享会、作家讲座、阅读角逐等，以吸引读者的参与和互动。这些活动可以增加读者对图书馆的关注和认同感，也可以促进读者之间的交流和分享。同时，通过丰富多样的阅读活动，还能够提升读者的阅读兴趣和能力，促进社会阅读的普及和发展。公共图书馆应提供贴心周到的服务，如借还书的便利化，阅览室的舒适环境等。此外，也可以设置阅读导航员、儿童馆导游、图书推荐等个性化服务，为读者提供更好的阅读体验和帮助。通过优质的服务，公共图书馆能够树立良好的口碑和形象，得到读者的信任和支持。公共图书馆应充分发挥其促进读书、知识、文化和社会进步的作用，开展社区文化建设工作。可以与学校、社区、企事业单位等合作，共同开展各类公益活动，如读书俱乐部、文化讲座等，提高公共图书馆在社区中的影响力和地位。通过提供丰富的阅读资源、精心策划的阅读活动、人性化的服务以及积极履行社会责任，公共图书馆能够打造出独特而吸引人的馆内文化氛围，提升读者的体验和满意度，塑造良好的品牌形象。

（三）品牌标识与视觉识别系统设计

在公共图书馆的品牌建设中，品牌标识与视觉识别系统设计是非常重要的核心要素之一。品牌标识是公共图书馆品牌形象的重要组成部分，它是通过独特的视觉元素和符号来识别和表达公共图书馆的特点、特色和身份的。品牌标识的设计需要考虑到公共图书馆的定位、理念和特色以及目标受众的需求和偏好。它应该能够传达出公共图书馆的使命、价值观和服务承诺，与目标受众建立情感共鸣和认同感。

品牌标识的设计需要具备以下一些基本原则和要求：1.品牌标识应该简明扼要地呈现公共图书馆的形象和特点，避免过于复杂和烦琐的设计元素，以确保有效传达品牌信息。2.品牌标识应该具备独特性，与其他公共图书馆或类似机构的标识有所差异，以便于被目标受众识别和记忆。3.品牌标识应该具备良好的可扩展性和适应性，以适应不同场景和媒体的需求，如纸质媒介、电子媒介、宣传品等。4.品牌标识的设计应该注重可读性，以便于受众迅速识别和理解公共图书馆的身份和特点。

除了品牌标识外，公共图书馆的视觉识别系统也是品牌形象打造与塑造的重要内容。视觉识别系统包括各种视觉元素和规范，如色彩、字体、排版等，用于统一和规范公共图书馆在各种媒体和场景中的视觉效果。视觉识别系统的设计需要考虑到以下几个方面：1.公共图书馆的色彩选择应该符合公共图书馆的形象和特点，体现出公共图书馆的理念和价值观。它应该具备识别性和辨识度，并能够与品牌标识相协调和搭配。2.公共图书馆的字体选择应该具备可读性和良好的视觉效果，适合于各种场景和媒体的展示。它应该与品牌标识相协调，并能够准确传达出公共图书馆的形象和特点。3.公共图书馆的排版应该统一、规范且易于阅读。它应该注重信息传达的清晰性和效果，以便于目标受众能够迅速理解公共图书馆所提供的服务和资源。

品牌标识与视觉识别系统的设计要符合公共图书馆的整体定位和形象，能够传达出公共图书馆的独特性和价值观，与目标受众建立情感共鸣和认同感。同时，它们还应该具备简洁、独特、可扩展和可读性等基本要求，以确保有效传达品牌信息，提升公共图书馆的品牌形象和知名度。

（四）图书馆品牌形象的市场定位与差异化策略

市场定位是图书馆品牌形象塑造的基础。它要求图书馆对自身的资源优势、服务特色、目标用户群体等进行深入的分析和研判，明确自己在市场中的位置和发展方向。这种定位不是简单的自我描述，而是要在充分理解市场需求和竞争态势的基础上，找到自身与市场的最佳结合点，形成独特的市场竞争优势。

差异化策略则是图书馆品牌形象塑造的关键。在高度同质化的信息服务市场中，图书馆要想脱颖而出，就必须走差异化发展之路。这种差异化可以体现在服务内容、服务方式、服务环境等多个方面。例如，图书馆可以通过开发独具特色的阅读推广活动、提供个性化的信息咨询服务、打造舒适宜人的阅读空间等方式，来吸引和满足不同类型读者的需求，形成独特的品牌魅力。

图书馆品牌形象的打造与塑造还需要注重品牌传播和品牌维护。品牌传播是通过各种渠道和方式，将图书馆的品牌理念和品牌形象传递给公众，提高品牌的知名度和影响力。品牌维护则是在品牌形象形成后，通过持续的服务创新和质量管理，保持品牌的稳定性和持久性，防止品牌形象的流失和贬值。通过明确的市场定位和独特的差异化策略，图书馆可以塑造出独具特色的品牌形象，提升市场竞争力和社会影响力，实现可持续发展。同时，品牌传播和品牌维护也是品牌形象塑造过程中不可忽视的重要环节，它们共同构成了图书馆品牌建设的完整体系。

三、品牌活动的策划与实施

（一）阅读推广活动的策划与实施

阅读推广活动是公共图书馆品牌建设中的核心要素之一，其策划与实施不仅直接关系到图书馆的社会影响力，也是提升公众阅读兴趣和习惯的关键所在。在策划阅读推广活动时，图书馆需要紧密结合自身的资源优势、读者需求以及社会热点，制定出富有创意和吸引力的活动方案。这包括但不限于主题讲座、作家见面会、读书分享会、儿童阅读节、图书展览等多种形式。图书馆要对读者群体进行深入研究，了解不同年龄段、职业背景、阅读偏好的读者的真实需求。通过问卷调查、读者座谈会等方式，收集读者的意见和建议，确保阅读推广活动的针对性和实效性。同时，图书馆还需要关注社会热点和文化潮流，结合时下热门话题和节日庆典，策划出与时俱进、富有时代特色的阅读推广活动。在活动策划阶段，图书馆要注重活动的创新性和互动性。创新是吸引读者的关键，图书馆可以通过引入新技术、新媒体，如虚拟现实、增强现实、社交媒体等，打造新颖独特的阅读体验。互动性则能够增强读者的参与感和归属感，图书馆可以通过设置互动环节、开展线上线下互动活动等方式，拉近与读者的距离。活动实施阶段，图书馆要精心组织、周密安排，确保活动的顺利进行。这包括场地布置、设备调试、人员分工、宣传推广等各个环节。同时，图书馆还要建立健全活动评估机制，对活动效果进行定期评估和总结，以便及时调整和优化活动方案。在宣传推广方面，图书馆要充分利用自身的宣传渠道和平台，如官方网站、社交媒体、公告栏等，对阅读推广活动进行广泛宣传。此外，图书馆还可以与媒体机构、社区组织、教育机构等合作，共同推广阅读文化，扩大活动的影响力。阅读推广活动的策划与实施是公共图书馆品牌建设的重要组成部分。通过深入研究读者需求、关注社会热点、创新活动形式、加强宣传推广等措施，图书馆能够打造出一系列富有创意和吸引力的阅读推广活动，进而提升自身的品牌形象和社会影响力。

（二）文化旅游活动的策划与实施

在公共图书馆品牌建设的框架下，文化旅游活动的策划与实施显得尤为关键。这不仅是为了增强图书馆的社会影响力，更是为了将图书馆的资源与文化旅游紧密结合，打造独特的文化体验，使图书馆成为城市文化旅游的新亮点。文化旅游活动的策划要明确目标与定位。公共图书馆作为城市文化的重要载体，其文化旅游活动的目标不仅仅是吸引游客，更重要的是传递文化价值，提升公众文化素养。因此，在策划阶段，要深入挖掘图书馆的文化资源，结合城市文化特色，确定活动的主题与形式。例如，可以围绕图书馆的藏书特色，策划"古籍探秘"活动，让读者在参与中感受到中华文化的博大精深；或者结合当地的历史文化，推出"城市记忆"主题展览，带领读者穿越时空，感受城市的发展变迁。活动的实施则需要注重细节与创新。在宣传推广方面，要充分利用现代媒体，如社交网络、短视频平台等，发布活动预告和精彩瞬间，吸引更多人的关注。同时，也要注重与传统媒体的合作，如通过电视、广播、报纸等渠道，扩大活动的影响力。在活动现场，要注重营造文化氛围，如布置展览区域、提供讲解服务等，让读者能够沉浸在文化的海洋中。此外，还可以结合现代科技手段，如虚拟现实、增强现实等，为读者提供更为丰富的文化体验。在文化旅游活动的策划与实施过程中，公共图书馆还要注重与旅游部门的合作。通过与旅游部门建立合作关系，可以将图书馆纳入城市旅游线路中，吸引更多游客前来参观。同时，图书馆也可以借鉴旅游部门的经验，提升活动的策划与执行水平。此外，公共图书馆还要注重活动的持续性与创新性。持续性意味着图书馆要定期举办文化旅游活动，形成品牌效应；创新性则要求图书馆在活动策划中不断尝试新的形式和内容，以满足读者日益多样化的需求。通过深入挖掘文化资源、注重细节与创新、加强合作与交流，公共图书馆不仅能够提升自身的社会影响力，还能为城市文化旅游的发展贡献自己的力量。

（三）社区参与和共建活动的策划与实施

社区参与和共建活动是公共图书馆品牌建设的重要组成部分，它能够增强图书馆与社区居民之间的互动和联系，提高图书馆的知名度和影响力，同时也有助于提高社区居民对图书馆的认同感和归属感。首先，公共图书馆应该根据社区居民的需求和兴趣，策划和组织各种形式的社区参与和共建活动。这些活动可以包括讲座、读书会、展览、亲子活动、志愿者活动等，旨在提高社区居民的阅读兴趣、提升阅读水平、传播知识、传承文化。这些活动可以结合节日、季节、主题等元素进行策划和组织，吸引更多的人参与进来。其次，公共图书馆应该积极推广这些社区参与和共建活动，利用各种渠道进行宣传和推广，包括社交媒体、图书馆网站、社区公告栏等。图书馆还可以通过与其他社会组织、媒体机构的合作，扩大活动的影响力和受众范围。此外，图书馆还应该根据活动的具体情况和社区居民的反馈，不断调整和优化活动的策划和组织，确保活动的质量和效果。公共图书馆还应该鼓励社区居民参与到活动的组织和实施中来。这样不仅可以让居民有更多的机会了解图书馆的活动，同时也能够增强社区居民对图书馆的归属感和认同感。例如，图书馆可以邀请社区居民担任志愿者，参与活动的策划、组织、宣传等工作；图书馆还可以设立意见箱，收集社区居民对活动的意见和建议，不断改进活动的质量和效果。最后，公共图书馆应该对社区参与和共建活动进行评估和总结。评估活动的效果和影响，分析存在的问题和不足，提出改进的建议和措施，并且总结经验和教训，为未来的活动提供参考和借鉴。通过策划和组织各种形式的社区参与和共建活动，公共图书馆能够增强与社区居民之间的互动和联系，提高图书馆的知名度和影响力，同时也能够提高社区居民对图书馆的认同感和归属感。因此，公共图书馆应该积极推广这些活动，鼓励社区居民参与其中，并对活动进行评估和总结，不断改进和优化活动的策划和组织。

（四）品牌活动的效果评估与持续改进

公共图书馆品牌建设的核心要素之一就是品牌活动的策划与实施，其中一项关键的组成部分就是品牌活动的效果评估与持续改进。公共图书馆需要结合自身特色、目标读者群的需求以及社会热点等因素，制定出具有吸引力的活动主题和方案。同时，要注重活动的多样性，包括讲座、展览、工作坊、阅读推广活动等，以满足不同读者的需求。此外，要注重活动的互动性和参与性，通过精心设计的活动环节，吸引读者积极参与，增强品牌影响力。在品牌活动的实施过程中，公共图书馆需要注重细节，确保活动的顺利进行。这包括活动场地的布置、活动物资的准备、活动流程的安排、工作人员的培训等。同时，要关注活动的反馈，及时收集读者的意见和建议，不断改进和优化活动方案，提高活动的质量和效果。公共图书馆需要建立一套有效的评估体系，对品牌活动的效果进行全面评估。评估指标可以包括参与人数、反馈评价、社交媒体关注度等。通过收集和分析这些数据，图书馆可以了解活动的优势和不足，找出问题所在，进而进行针对性的改进。除了对活动的直接评估，公共图书馆还可以通过读者调查、意见征集等方式，了解读者对图书馆整体服务的满意度和需求，进而调整和优化品牌战略，提高服务质量。同时，公共图书馆需要关注竞争对手的品牌活动，学习借鉴其优点和经验，不断改进和提升自身品牌的影响力和竞争力。公共图书馆需要将品牌活动的评估结果与持续改进相结合，形成闭环管理。根据评估结果，图书馆可以制定针对性的改进措施，例如优化活动方案、提高工作人员素质、加强宣传推广等。同时，图书馆需要定期对改进措施进行跟踪和评估，确保其有效实施并取得预期效果。通过精心策划、实施和评估改进，公共图书馆可以提高品牌影响力、提高服务质量、满足读者需求并实现可持续发展。

四、品牌传播的渠道与方式

（一）传统媒体与新媒体的运用

随着信息技术的迅猛发展，媒体形式日益多样化，品牌传播渠道与方式也呈现出多元化、融合化的趋势。公共图书馆在品牌建设过程中，必须灵活运用传统媒体与新媒体，扩大品牌影响力，提升服务品质。传统媒体如报纸、杂志、电视、广播等，在品牌传播中扮演着重要角色。公共图书馆可以通过发表新闻稿件、举办专题讲座、参与电视节目等方式，向公众传递图书馆的品牌理念、服务特色和最新动态。这些媒体具有覆盖面广、受众稳定的特点，能够有效地提升图书馆品牌的知名度和美誉度。同时，传统媒体具有较高的权威性，有助于塑造图书馆的专业度、可靠的品牌形象。然而，随着互联网的普及和新媒体的崛起，传统媒体的影响力逐渐减弱。公共图书馆需要紧跟时代步伐，充分利用新媒体平台，如网站、社交媒体、移动应用等，拓展品牌传播渠道。新媒体具有传播速度快、互动性强、覆盖范围广等优势，能够迅速吸引年轻群体的关注。通过发布优质内容、开展在线活动、提供便捷服务等方式，公共图书馆可以吸引更多用户关注和参与，增强品牌黏性。在运用新媒体时，公共图书馆还需要注重与传统媒体的融合发展。例如，可以将传统媒体的优质内容迁移到新媒体平台，实现资源共享；同时，也可以利用新媒体平台的互动性，增强传统媒体的品牌影响力。这种融合发展的策略，有助于形成全媒体传播的格局，提升公共图书馆品牌建设的整体效果。公共图书馆在品牌建设过程中，需要综合运用传统媒体与新媒体，充分发挥各自优势，实现品牌传播效果的最大化。同时，还需要不断创新传播方式，提高内容质量，以满足用户多元化的信息需求。只有这样，才能在激烈的市场竞争中脱颖而出，成为公众心目中的理想阅读空间。

（二）线上线下活动的融合传播

在公共图书馆品牌建设的传播策略中，线上线下活动的融合传播显得尤为重要。这种融合不仅拓宽了品牌传播的渠道，还增强了品牌与读者之间的互动与连接。线上活动以其便捷性和即时性受到广大读者的青睐。公共图书馆可以通过官方网站、社交媒体平台、移动应用程序等多种渠道开展线上活动。例如，可以定期推出电子图书推荐、在线讲座、网络展览等，吸引读者参与互动。此外，图书馆还可以利用大数据分析读者的阅读习惯和兴趣偏好，为其推送个性化的阅读推荐和活动信息，提升读者的阅读体验。线下活动则以其实体性和沉浸感为特点，为读者提供了更加直观和丰富的阅读体验。公共图书馆可以举办读书会、作家见面会、展览等活动，为读者创造与图书、作者和同行面对面交流的机会。同时，图书馆还可以利用物理空间，打造独特的阅读环境，如主题阅读区、静谧的自习室等，吸引读者前来体验。线上线下活动的融合传播，需要公共图书馆在策划和执行活动时，充分考虑到两个渠道的互补性和协同性。一方面，线上活动可以为线下活动预热和引流，通过社交媒体平台的宣传和推广，吸引更多读者关注和参与线下活动。另一方面，线下活动也可以为线上活动提供内容和素材，通过读者的现场体验和分享，为线上活动带来更多的曝光和互动。在融合传播的过程中，公共图书馆还需要注重活动的持续性和创新性。持续性意味着图书馆需要定期举办活动，与读者保持长期的互动和联系；创新性则要求图书馆在活动策划和执行中，不断探索新的形式和内容，以满足读者日益多样化的需求。通过线上线下活动的融合传播，公共图书馆不仅可以提升品牌的知名度和影响力，还可以增强读者的参与感和忠诚度。这种融合传播的方式，有助于构建一个以读者为中心、多元化互动的品牌传播体系，推动公共图书馆事业的持续发展。

（三）口碑营销与用户生成内容的利用

口碑营销与用户生成内容在公共图书馆品牌建设中占据着举足轻重的

地位。口碑营销，顾名思义，是指通过消费者之间的口头交流来传递品牌信息，形成品牌口碑，从而影响潜在消费者的购买决策。而用户生成内容则是指用户在使用产品或服务过程中自发产生的内容，如评论、分享、点赞等，这些内容往往能更真实、更直接地反映产品或服务的实际情况，对品牌建设具有重要的参考价值。对于公共图书馆而言，口碑营销与用户生成内容的利用具有特殊的意义。公共图书馆作为公共服务机构，其服务质量和品牌形象直接影响着公众对其的认知度和信任度。通过口碑营销，公共图书馆可以借助读者之间的口口相传，形成良好的品牌口碑，吸引更多潜在读者。同时，用户生成内容也是公共图书馆改进服务、提升品牌形象的重要依据。读者的评论、分享等反馈可以帮助图书馆了解读者的真实需求和期望，从而针对性地改进服务，提升读者的满意度和忠诚度。在实施口碑营销和用户生成内容利用的过程中，公共图书馆需要注意以下几点。首先，要提供优质的服务，确保读者在使用过程中能够感受到图书馆的专业和用心。只有高质量的服务才能引发读者的积极口碑传播。其次，要搭建起有效的用户反馈平台，鼓励读者发表自己的评论和分享使用体验。图书馆可以通过设置在线评价系统、开展读者调查等方式收集用户的反馈信息。最后，图书馆需要积极回应和处理用户的反馈，对于用户的建议和意见要及时采纳和改进，形成良好的互动机制。公共图书馆还可以采取一些具体的措施来加强口碑营销和用户生成内容的利用。例如，可以开展读者推荐活动，鼓励读者向亲朋好友推荐图书馆的服务；可以定期发布读者使用心得和案例，展示图书馆在服务读者、推动阅读文化等方面的成果；还可以利用社交媒体等网络平台，扩大口碑传播的范围和影响力。口碑营销与用户生成内容的利用是公共图书馆品牌建设中的关键环节。通过充分发挥口碑营销和用户生成内容的优势，公共图书馆不仅可以提升品牌形象和知名度，还可以更好地满足读者的需求，推动阅读文化的普及和发展。

（四）跨界合作与资源整合

在品牌传播的过程中，跨界合作与资源整合是公共图书馆品牌建设的重要手段之一。通过跨界合作来扩大品牌的影响力。例如，公共图书馆可以与文化创意产业、旅游产业、教育产业等领域的机构进行合作，共同举办文化活动、展览、讲座等，从而吸引更多的公众关注和参与。此外，公共图书馆还可以通过与其他媒体机构的合作，如电视台、广播电台、网络媒体等，扩大品牌的影响力。公共图书馆拥有丰富的馆藏资源，包括图书、期刊、音像制品、数字资源等，这些资源可以为品牌传播提供丰富的素材和内容。公共图书馆可以通过将这些资源进行整合和分类，制作成各种形式的宣传资料和产品，如宣传册、海报、数字资源包等，并通过各种渠道进行推广和传播。此外，公共图书馆还可以与其他机构合作，共同开发具有特色的文化产品，如文创产品、纪念品等，从而扩大品牌的影响力和知名度。在品牌传播的渠道和方式上，公共图书馆需要根据目标受众的特点和需求，选择合适的渠道和方式进行推广和传播。例如，公共图书馆可以通过官方网站、社交媒体平台、线下活动等多种渠道进行推广和传播。此外，公共图书馆还可以通过与广告公司合作，设计具有创意和特色的广告宣传语和海报等，吸引公众的关注和参与。公共图书馆还需要注重与媒体和行业内部的交流和合作。通过与媒体的合作，公共图书馆可以获得更多的曝光机会和宣传资源；通过与行业内部的交流和合作，公共图书馆可以了解行业发展的趋势和动态，及时调整品牌战略和策略。通过积极寻求与其他行业的合作机会、注重资源的整合和利用、选择合适的渠道和方式进行推广和传播以及加强与媒体和行业内部的交流和合作，公共图书馆可以更好地实现品牌建设目标，提高品牌知名度和影响力。

第三章　公共图书馆品牌建设的问题与挑战

一、品牌定位不明确的问题

（一）缺乏清晰的市场定位

公共图书馆作为公共文化服务体系的重要组成部分，一直以来都致力于为广大市民提供优质的阅读服务和文献资源。随着社会的发展和科技的进步，公共图书馆的品牌建设逐渐成为了一个重要的话题。然而，在品牌建设的过程中，也存在一些问题与挑战，其中品牌的市场定位是最为突出的问题之一。许多公共图书馆并没有真正理解自身的市场定位和目标读者群体，因此难以打造出具有影响力的品牌形象。此外，许多公共图书馆并没有深入研究目标读者的需求和喜好，导致提供的服务与读者需求存在一定的差距，难以吸引更多的读者。一些公共图书馆并没有充分发挥自身的资源和优势，而是盲目追求品牌建设的规模和影响力，导致品牌形象缺乏特色和个性，难以在市场竞争中脱颖而出。公共图书馆在品牌建设中面临的问题还有很多。例如，一些图书馆在品牌建设中过于注重硬件设施的建设和装修，而忽视了软件服务的提升。这导致图书馆在提供服务时，难以满足读者对高品质服务的需求，影响了图书馆的品牌形象。另外，一些公共图书馆在品牌建设中，过于追求创新和独特性，而忽视了传统服务的价值。这可能导致读者对图书馆的服务产生不信任感，影响图书馆的品牌形象。此外，公共图书馆在品牌建设中还面临一些其他的挑战。例如，随着互联网和数字技术的发展，公众获取信息的渠道越来越多样化，公共图书馆需要与时俱进，提升数字资源和服务的质量和数量，以满足读者的需求。另外，公共图书馆还需要加强与读者的互动和沟通，了解读者的需求和反馈，提升服务的针对性和满意度。这些问题需要公共图书馆在品牌建设中引起重视，并寻找合适的解决策略。

（二）缺乏独特的品牌个性

在公共图书馆品牌建设的道路上，一个突出的问题便是品牌定位的不明确性，而在这其中，缺乏独特的品牌个性尤为引人关注。品牌个性是品牌与消费者建立情感联系的关键桥梁，它有助于图书馆在日益激烈的文化服务竞争中脱颖而出，形成独特的竞争优势。然而，当前许多公共图书馆在品牌建设上过于追求大而全的服务模式，忽视了品牌个性的塑造，导致品牌形象模糊，难以给读者留下深刻印象。首先，缺乏独特的品牌个性表现在图书馆服务内容的同质化上。许多公共图书馆提供的服务内容相似，如图书借阅、参考咨询、文化活动等，缺乏针对特定读者群体的特色服务。这种同质化的服务模式使得图书馆在品牌建设上难以形成差异化竞争优势，难以吸引读者的关注和忠诚。其次，缺乏独特的品牌个性还体现在图书馆的品牌形象塑造上。品牌形象是图书馆品牌个性的外在表现，它需要通过视觉识别系统、宣传口号等手段进行塑造。然而，当前许多公共图书馆在品牌形象塑造上缺乏创新和个性，导致品牌形象缺乏辨识度，难以在读者心中形成独特的印象。服务态度和服务质量是图书馆品牌个性的重要组成部分，它们直接影响着读者对图书馆品牌的认知和评价。然而，一些公共图书馆在服务态度和服务质量上存在不足，如服务态度冷漠、服务质量不高等问题，这些问题严重影响了图书馆品牌形象的塑造和提升。缺乏独特的品牌个性是当前公共图书馆品牌建设中的一个重要问题。图书馆需要转变品牌建设思路，从服务内容、品牌形象、服务态度和服务质量等方面入手，塑造出具有独特个性的品牌形象。同时，图书馆还需要加强市场调研和读者需求分析，了解读者的需求和期望，为读者提供更加精准、个性化的服务。只有这样，图书馆才能在激烈的竞争中脱颖而出，成为读者心目中的首选品牌。

二、品牌形象不突出的问题

（一）缺乏统一的视觉识别系统

在公共图书馆品牌建设的诸多问题中，品牌形象不突出的问题显著。而品牌形象不突出的核心问题之一，就是缺乏统一的视觉识别系统。统一的视觉识别系统对于塑造和强化品牌形象至关重要，它不仅能够让公众对图书馆产生深刻且独特的印象，还是图书馆品牌形象传播和推广的基础。在当前的公共图书馆建设中，很多图书馆在视觉识别方面缺乏统一性和连贯性。有的图书馆在标志设计、色彩选择、字体应用等方面没有形成统一的标准和风格，导致图书馆的形象混乱，难以形成强烈的视觉冲击力和记忆点。这不仅影响了图书馆的品牌形象建设，也阻碍了图书馆服务理念和文化的有效传播。一个统一的视觉识别系统应该包括独特的图书馆标志、标准字体、标准色彩、辅助图形等元素，这些元素需要紧密结合图书馆的文化内涵和服务理念，形成一个和谐、统一、易于识别的整体。这样的视觉识别系统能够在视觉上形成强烈的冲击力和辨识度，使公众在第一时间就能对图书馆产生深刻的印象。此外，统一的视觉识别系统还能够增强图书馆品牌的辨识度和记忆度。在品牌形象传播的过程中，公众往往会通过视觉元素来识别和记忆品牌。一个统一、独特的视觉识别系统能够帮助公众快速识别出图书馆的品牌形象，并在心中留下深刻的印象。这种辨识度和记忆度的提升，有助于图书馆在竞争激烈的市场中脱颖而出，吸引更多的读者和用户。因此，公共图书馆需要重视并加强统一的视觉识别系统的建设，提升图书馆的品牌影响力和竞争力。同时，这也需要图书馆在品牌建设的过程中不断创新和完善，以适应不断变化的市场环境和读者需求。

（二）缺乏有效的品牌传播渠道

在公共图书馆品牌建设的过程中，品牌形象不突出的问题显得尤为关键，其中尤以缺乏有效的品牌传播渠道为甚。品牌传播渠道的缺失或不足，不仅阻碍了图书馆品牌形象的塑造和推广，更在一定程度上影响了其服务质量和读者认知。当前，许多公共图书馆在品牌传播上仍然依赖于传统的宣传方式，如悬挂横幅、发放传单、举办讲座等，这些方式虽然能在一定程度上提高图书馆的知名度，但受限于传播范围狭窄、互动性不足等缺点，难以形成广泛而深入的品牌影响力。与此同时，随着信息科技的发展，读者的信息获取习惯也在发生改变，他们更倾向于通过网络、社交媒体等新媒体平台获取信息和知识。然而，一些公共图书馆在品牌建设上未能紧跟这一趋势，未能充分利用新媒体平台的优势进行品牌推广，导致品牌形象难以深入人心。此外，品牌传播内容的单一性也是影响品牌形象塑造的一个重要因素。许多图书馆在品牌传播上过于注重宣传自身的硬件设施和服务项目，而忽视了对图书馆文化、阅读理念等精神内涵的传播。这样的传播方式不仅难以吸引读者的兴趣，更难以形成独特的品牌个性和价值。

三、品牌活动单一的问题

（一）缺乏多样化的品牌活动

当前公共图书馆的品牌活动以传统的阅读推广活动为主，如读书会、讲座、展览等，形式较为单一，缺乏创新。这些活动虽然能够满足一部分读者的需求，但对于广大读者来说，可能缺乏吸引力和参与度。公共图书馆的品牌活动缺乏针对性和个性化。由于活动的内容和形式较为单一，往往难以满足不同读者的需求，特别是针对儿童、青少年、老年人等特殊群体的特色活动较少，无法有效吸引这些读者群体。公共图书馆的品牌活动宣传和推广力度不足。由于缺乏有效的宣传和推广，导致许多读者对图书馆的品牌活动了解不足，参与度自然较低。

（二）缺乏品牌活动的持续性和系统性

由于资源和人力的限制，很多公共图书馆在进行品牌活动时往往只做一次性的宣传推广，缺乏持续性。这种情况下，公共图书馆的品牌形象很难在读者心中留下持久的印象，无法形成稳定的品牌认知。该问题主要是由于对品牌活动策划和管理的不足导致的。一些公共图书馆进行的品牌活动很零散，缺乏整体规划和统一的执行，导致活动的效果和影响力受到限制。这是因为公共图书馆在品牌活动中缺乏全面的战略思考和规划，只是盲目地进行各种宣传推广，缺乏对活动的整体和系统的统筹和规划。另外，公共图书馆在品牌活动中缺乏一定的专业性和深度，对活动的策划和执行缺乏系统性的思考和方法论，导致活动缺乏创新性和差异性，无法引起读者的关注和兴趣。

四、其他品牌建设问题与挑战

（一）缺乏专业品牌建设人才

在公共图书馆品牌建设的道路上，专业品牌建设人才的缺乏无疑是一个重要的问题与挑战。品牌建设不仅仅是一个表面上的标识设计或是宣传活动的组织，它涉及图书馆文化内核的提炼、读者需求的精准把握、市场竞争态势的深入分析以及品牌形象的长远规划等多个方面。这些工作的复杂性和专业性要求从业者具备深厚的品牌理论知识、丰富的实践经验以及敏锐的市场洞察力。然而，现实中，许多公共图书馆在品牌建设上往往依赖于非专业的团队或是兼职人员，他们可能在图书馆学领域有着深厚的造诣，但对于品牌建设这一跨学科的领域却缺乏必要的认知和技能。这种专业人才的短缺，导致了图书馆在品牌建设过程中往往难以把握重点，难以形成具有独特魅力和持久生命力的品牌形象。此外，品牌建设是一个持续不断的过程，需要专业人才的长期投入和精心维护。然而，由于人才短缺，很多图书馆的品牌建设工作往往只能停留在表面，难以形成系统性和连续性的品牌发展战略。这不仅影响了品牌建设的效果，也限制了图书馆在市场竞争中的发展潜力。

（二）面临激烈的市场竞争

在探讨公共图书馆品牌建设的问题与挑战时，不能忽视的一个核心问题是市场竞争的激烈性。随着社会的快速发展和科技进步，信息获取和阅读的途径日趋多元化，这使得图书馆在知识传播和信息服务领域的竞争压力不断增大。公共图书馆不仅要与同行竞争，还要与各种在线阅读平台、电子书商、知识服务机构等争夺用户和市场份额。在激烈的市场竞争中，在多媒体和社交网络高度发达的今天，公众对于品牌的认知度和忠诚度很大程度上影响着其选择行为。然而，一些公共图书馆在品牌建设上缺乏明确的定位和差异化的特色，导致品牌形象模糊，难以在公众心中形成深刻的印象。在竞争激烈的市场环境中，服务创新是品牌建设的关键。但部分公共图书馆在服务内容、方式以及技术应用等方面缺乏创新，仍然停留在传统的借阅服务上，难以满足用户日益多样化的需求。品牌建设需要丰富的资源支持，包括图书资源、技术资源、人才资源等。然而，一些公共图书馆在资源获取和整合方面存在困难，导致品牌建设缺乏必要的支撑。品牌建设不仅要有优质的产品和服务，还需要有效的市场营销策略。然而，一些公共图书馆在市场营销方面缺乏经验和专业人才，导致品牌推广效果不佳。

（三）不断变化的读者需求

不断变化的读者需求无疑是一个持续存在且极具挑战性的问题。随着社会的快速发展和信息时代的推进，读者的阅读习惯、信息获取方式以及文化消费观念都在发生着深刻的变化。这些变化对公共图书馆的品牌建设提出了新的要求，使得图书馆必须不断创新服务方式，优化阅读体验，以满足读者日益增长和多样化的需求。一方面，读者的阅读习惯正在发生转变。传统的纸质阅读逐渐被数字化阅读所补充甚至替代，读者可以通过手机、平板电脑等电子设备随时随地获取信息和阅读图书。这种阅读方式的变化要求公共图书馆不仅要提供丰富的纸质图书资源，还要加强数字化资源的建设，如电子图书、期刊、数据库等，以满足读者的多元化阅读需求。另一方面，读者的信息获取方式也在发生变化。传统的图书馆检索方式已经不能满足现代读者的快速、准确获取信息的需求。因此，公共图书馆需要利用现代信息技术，如大数据分析、人工智能等，提升信息检索的效率和准确性，为读者提供更加便捷的信息服务。此外，读者的文化消费观念也在不断更新。现代读者更加注重个性化和差异化的文化消费体验，他们希望图书馆能够提供更加个性化的服务，如定制化的阅读推荐、专属的阅读空间等。这就要求公共图书馆在品牌建设过程中，要深入了解读者的需求和偏好，提供更加个性化的服务，增强读者的归属感和忠诚度。

第四章　公共图书馆品牌建设的改进措施

一、明确品牌定位的方法与步骤

（一）品牌定位的重要性

品牌定位是公共图书馆品牌建设中至关重要的一步。它确定了公共图书馆在读者心中的独特位置和形象，并通过明确的品牌定位带给读者一种具体的认知和联想。品牌定位帮助图书馆建立起自己的独特个性，树立起与众不同的形象，从而增强其竞争力和可持续发展的潜力。品牌定位的过程有以下几个关键步骤：公共图书馆需要明确自己的目标读者群体，确定是面向学生、学者、社区居民还是特定群体的人群。这将有助于针对性地传播品牌信息，提供符合目标读者需求的服务和资源。了解其他附近的图书馆或文化机构的品牌定位和形象是必要的。通过研究竞争对手的品牌特点和不足，公共图书馆可以找到自己的差异化定位，从而脱颖而出。公共图书馆需要认清自己的核心竞争力，即与其他图书馆在服务和资源方面的特长或优势。这可以是图书馆藏书丰富度、设施和技术创新、读者服务或者社区活动等。品牌承诺是公共图书馆与读者之间的契约，它表达了图书馆对读者的服务承诺和价值主张。品牌承诺应该简洁明了、具有吸引力、与目标读者群体的需求相一致。公共图书馆需要考虑建立的品牌形象，包括名称、标识、颜色、字体、口号等元素。这些元素应该与品牌定位和目标读者的需求相一致，并具有独特性和可识别性。品牌定位的重要性在于它能够帮助公共图书馆在许多竞争的图书馆中脱颖而出。通过明确定位目标读者群体和核心竞争力，公共图书馆可以提供具有差异化、特色化的服务和资源，满足读者的需求。品牌定位还可以提升图书馆的影响力和知名度，吸引更多的读者和合作伙伴。同时，品牌定位可以增强公共图书馆的竞争优势和可持续发展的潜力。一个明确的品牌定位可以帮助公共图书馆建立起忠诚的读者群体，提高读者的满意度和忠诚度。品牌定位还可以吸引更多的合作伙伴和赞助商，为图书馆的运营和发展提供更多的资源和支持。品牌定位在公共图书馆的品牌建设中具有重要的作用。它可以帮助公共图书馆确立自己在读者心中的独特形象和地位，提供符合目标读者需求的服务和资源。品牌定位还可以增强公共图书馆的竞争力和可持续发展的潜力。因此，公共图书馆应该重视品牌定位，通过明确的方法和步骤来完成品牌定位的过程。

（二）市场调研与分析

公共图书馆在进行品牌定位时，市场调研与分析是至关重要的环节。

这一过程包括对目标用户群体的深入理解和竞争对手的全面分析。这两个方面相辅相成，共同为图书馆的品牌建设提供科学依据。公共图书馆群体涵盖了不同年龄、职业、文化背景的人群，他们的需求和期望千差万别。为了更好地服务这些用户，图书馆必须对他们进行细致的调研分析。例如，针对儿童用户，图书馆可以举办亲子阅读活动、儿童绘画比赛等；针对成年用户，图书馆可以提供职业培训、讲座、研讨会等服务。通过对用户需求的深入了解，图书馆可以为他们提供更加精准和个性化的服务，从而提升用户的满意度和忠诚度。公共图书馆的竞争对手不仅包括其他图书馆，还包括书店、文化中心、互联网等信息传播媒介。为了在激烈的竞争中脱颖而出，图书馆必须对竞争对手进行全面的分析。这包括了解他们的优势和劣势，找出自己的差距，并制定相应的策略来提升自身的竞争力。例如，如果竞争对手在某个领域具有明显的优势，图书馆可以与之合作，共同提供更加优质的服务。如果竞争对手在某个方面存在不足，图书馆可以加大投入，弥补这一空缺。此外，图书馆还可以通过创新服务模式、提高服务质量、打造特色品牌等方式来提升自身的竞争力。通过深入分析竞争对手，图书馆可以更好地制定自己的发展战略，确保品牌定位的准确性和有效性。在进行了充分的市场调研与分析后，图书馆就可以根据所得信息明确自己的品牌定位。这一步骤要求图书馆在了解用户需求和竞争对手情况的基础上，制定出符合自身特点和优势的品牌战略。例如，如果图书馆在某个领域具有独特的资源，它可以将这个特点作为品牌的卖点，并进行相应的宣传和推广。同时，图书馆还需要确保自己的品牌形象和传播策略与用户的需求和期望相匹配。只有这样，图书馆才能在用户心中树立起独特的品牌形象，从而在竞争中脱颖而出。通过对目标用户群体的深入理解和竞争对手的全面分析，图书馆可以明确自己的品牌定位，并制定出符合自身特点和优势的品牌战略。这一过程不仅有助于图书馆提升自身的竞争力，还可以确保图书馆的品牌形象与用户的需求和期望相匹配，从而为用户提供更加优质的服务。

（三）确定品牌核心价值

公共图书馆品牌建设的核心在于明确并坚守其品牌核心价值。品牌核心价值是品牌的灵魂和精髓，是品牌与读者之间情感连接的纽带，也是图书馆在竞争激烈的市场中脱颖而出的关键。公共图书馆在确定品牌核心价值时，需要深入考虑以下几个方面的因素。公共图书馆应明确其服务的社会角色和定位。作为公共文化服务体系的重要组成部分，公共图书馆承载着传播知识、推广阅读、提升公众文化素养的重要使命。因此，其品牌核心价值应当与这一社会角色相契合，体现出公共性、服务性和文化性。公共图书馆的品牌核心价值应体现其独特性和差异化。在众多类型的图书馆中，公共图书馆如何脱颖而出，关键在于找到自身独特的品牌定位。这要求图书馆在深入分析读者需求和市场环境的基础上，提炼出与众不同的品牌价值，如强调其作为城市文化地标的重要性，或者突出其在推动全民阅读方面的独特贡献。公共图书馆的品牌核心价值还应具有时代性和前瞻性。随着社会的快速发展和科技的进步，公共图书馆的服务模式、读者群体和阅读需求都在不断发生变化。因此，图书馆在确定品牌核心价值时，应充分考虑这些变化，确保品牌价值既符合当前的社会背景，又能引领未来的发展趋势。在确定品牌核心价值的过程中，公共图书馆还需要注重品牌价值的可操作性和可传播性。品牌价值不应仅仅停留在理念层面，而应通过具体的服务举措、活动项目和品牌形象设计等方式，将其转化为读者可感知、可体验的实际内容。同时，品牌价值还应易于传播和推广，能够在读者心中留下深刻印象。公共图书馆的品牌核心价值是其品牌建设的基石。通过明确并坚守这一核心价值，图书馆不仅能够更好地履行其社会职责，提升服务品质，还能够在激烈的市场竞争中脱颖而出，成为读者心中的文化圣地和知识殿堂。

（四）制定品牌定位策略

品牌定位策略的制定需要遵循系统性、差异性和可操作性的原则，确保图书馆在品牌建设过程中能够明确方向、突出重点，实现品牌价值的最大化。公共图书馆需要全面梳理自身的资源优势和服务特色，这包括馆藏文献的类型、特色服务项目、专业人员的配备等。通过对这些内部资源的评估，图书馆可以确定自己在信息服务领域中的核心竞争力，为品牌定位提供坚实的基础。图书馆需要对目标受众进行深入的市场调研，了解他们的信息需求、阅读偏好以及使用图书馆的习惯等。通过数据分析，图书馆可以确定主要的服务对象群体，如学生、教师、科研工作者、普通市民等，并根据不同群体的需求特点，制定针对性的服务策略。在明确了内部资源和目标受众后，图书馆需要结合市场环境分析，确定自身的品牌定位。这包括确定品牌的核心价值、服务理念和品牌形象等。例如，图书馆可以将自己定位为"城市文化地标""终身学习平台"或"信息服务中心"等。通过明确的品牌定位，图书馆可以塑造独特的品牌形象，提升品牌知名度和影响力。为了确保品牌定位策略的有效实施，图书馆还需要制定具体的执行计划。这包括制定品牌建设的时间表、预算分配、人员配置等。同时，图书馆还需要建立品牌建设的评估机制，定期对品牌建设成果进行评估和反馈，以便及时调整策略，确保品牌建设的顺利进行。图书馆还需要加强与其他文化机构的合作与交流，共同推动城市文化事业的发展。通过合作，图书馆可以扩大自身的服务范围，提升品牌影响力，实现品牌价值的最大化。制定品牌定位策略是公共图书馆品牌建设中的关键一步。通过明确品牌定位，图书馆可以塑造独特的品牌形象，提升品牌知名度和影响力，为城市的文化事业发展做出更大的贡献。

（五）品牌定位的实施与调整

公共图书馆品牌建设的实施与调整是一个动态而持续的过程，需要图书馆在明确品牌定位的基础上，通过一系列的策略和活动来塑造和强化品牌形象，同时根据环境变化和读者需求的变化，灵活地调整品牌策略，以保持品牌的活力和竞争力。实施品牌定位的首要步骤是制定详细的品牌传播计划。这包括选择适当的传播渠道，如社交媒体、传统媒体、线上平台和线下活动等，以确保品牌信息能够准确地传达给目标读者。同时，图书馆需要创作有吸引力和影响力的品牌故事和宣传材料，让读者对品牌产生共鸣和认同。在传播过程中，图书馆还要关注与读者的互动，收集读者的反馈和建议，以便及时调整品牌策略。图书馆还需要通过提升服务质量和效率来强化品牌定位。这包括优化图书和资源的配置，提高借阅和查询的便利性以及加强工作人员的培训和素质提升等。通过这些措施，图书馆可以营造出舒适、高效和专业的阅读环境，满足读者的多样化需求，提升读者的满意度和忠诚度。在品牌定位的实施过程中，图书馆还需要关注与其他文化机构的合作与联动。通过与其他图书馆、博物馆、文化中心等机构的合作，图书馆可以共享资源、扩大影响力，共同打造区域文化品牌。这种合作模式不仅有助于提升图书馆的品牌价值，还可以促进文化交流和传播，丰富读者的文化体验。当然，随着社会环境的变化和读者需求的演变，图书馆需要时刻关注市场动态，及时调整品牌策略。例如，针对年轻读者的阅读习惯变化，图书馆可以增加电子图书和多媒体资源的投入，推出更多适合线上阅读的活动和服务。针对老龄化的读者，图书馆则可以优化老年读者的服务流程，提供更加舒适和便捷的阅读环境。公共图书馆品牌建设的实施与调整是一个长期而复杂的过程。图书馆需要在明确品牌定位的基础上，通过有效的品牌传播、服务提升和合作联动等措施来塑造和强化品牌形象；同时，还需要根据环境变化和读者需求的变化，灵活地调整品牌策略，以保持品牌的活力和竞争力。只有这样，图书馆才能在日益激烈的市场竞争中脱颖而出，成为读者心中的文化地标。

二、强化品牌形象的策略与手段

（一）品牌形象的概念与重要性

第一，品牌形象可以提高公共图书馆的知名度和影响力。通过建立独特的品牌形象，公共图书馆可以在众多竞争者中脱颖而出，吸引更多用户的关注和使用。第二，品牌形象可以增加公共图书馆的信任度和忠诚度。用户对于公共图书馆的品牌形象的认同程度会直接影响他们对公共图书馆的信任度和忠诚度。一个良好的品牌形象可以使用户对公共图书馆产生更高的信任度，从而更加愿意选择和支持公共图书馆的服务。第三，品牌形象可以塑造公共图书馆的专业形象和服务风格。通过品牌形象的建设，公共图书馆可以明确自己的定位和特色，从而提高专业形象和服务水平。

为了强化公共图书馆的品牌形象，可以采取以下策略和手段。首先，建设专业化的服务团队。公共图书馆可以加强人员培训，提高图书馆员工的专业知识和服务水平，使其成为图书馆品牌形象的代表和形象宣传员。其次，提供个性化的服务。公共图书馆可以通过了解用户需求，提供个性化的服务，满足用户的需求和期望，从而树立良好的品牌形象。此外，公共图书馆还可以加强与其他机构和社区的合作，举办各类文化活动，拓展公共图书馆的功能和影响力。公共图书馆还可以利用新媒体和互联网技术，开展线上推广活动，提高品牌曝光度和用户黏性。最后，公共图书馆还可以通过市场调研和用户反馈，不断改进和优化服务，提高品牌形象的品质和吸引力。品牌形象在公共图书馆的建设中具有重要性。公共图书馆应通过建设专业化的服务团队、提供个性化的服务、加强合作与推广、利用新媒体等手段，不断强化品牌形象，提高品牌知名度和用户满意度。

（二）视觉识别系统的设计与应用

1. 标志设计

标志是品牌识别的第一步，也是公共图书馆品牌形象最直接的体现。一个好的标志应该简洁明了，易于识别，同时具有独特性和文化内涵。在设计标志时，不仅要考虑图书馆的定位和特色，还需要深入挖掘其历史、文化和价值观。例如，如果图书馆有着悠久的历史和深厚的文化底蕴，可以在标志设计中融入传统元素，如书法、印章等，以展现其独特的文化魅力。同时，标志的设计也需要考虑现代审美趋势，确保既具有传统韵味又不失现代感。此外，标志在不同媒介上的呈现效果也需要特别考虑，以确保在各种环境下都能保持一致的视觉效果。除了基本的图形设计外，标志还需要考虑其与品牌理念、品牌价值观的关联。图书馆作为知识的殿堂，其标志设计应能体现出对知识的尊重、对读者的关怀以及对文化的传承。因此，在标志设计中，可以融入书籍、知识、智慧等元素，以强化图书馆的品牌形象。

2. 标准字与标准色

标准字和标准色是视觉识别系统中与标志同等重要的元素。它们不仅是品牌形象的延伸，更是品牌理念和文化的具体表现。标准字的选择要与图书馆的品牌定位相协调，既要易于阅读，又要能体现图书馆的文化特色。例如，如果图书馆的品牌形象是亲切、温馨的，那么标准字可以选择手写体或是有一定弧度的字体，以传达出温暖和友好的氛围；如果图书馆的品牌形象是严谨、专业的，那么标准字则可以选择端庄的衬线字体，以展现出其专业和严谨的形象。标准色的选择同样需要考虑品牌的定位，同时也要考虑到色彩的心理效应。不同的颜色会给人带来不同的心理感受，如蓝色通常给人以平静、专业的感觉，适合用于学术氛围浓厚的图书馆；而红色则更加热烈、活跃，适合用于儿童图书馆或是年轻人喜爱的图书馆。此外，标准色的选择还需要考虑其与标志、标准字的搭配效果，以确保整体视觉效果的和谐统一。除了基本的视觉识别功能外，标准字和标准色还需要承载品牌的文化内涵和价值观。例如，图书馆的标准色可以选择代表知识、智慧、创新的颜色，以强调图书馆作为知识殿堂的地位和其对知识创新的追求。同时，标准字和标准色的设计也需要与图书馆的建筑风格、室内环境等相协调，以营造出和谐统一的品牌形象。

3. 应用系统设计

应用系统是视觉识别系统中涉及面最广、最复杂的一部分。它包括了图书馆内部和外部环境中的所有视觉元素，如导视系统、宣传品、工作人员制服等。在应用系统的设计中，首先要保持与标志、标准字和标准色的一致性，确保品牌形象在各个细节中都能得到体现。例如，导视系统的设计要遵循统一的视觉风格，使用标准字和标准色，方便读者快速找到所需信息；宣传品的设计也要与品牌形象相协调，既要美观大方，又要准确传达图书馆的品牌理念和文化特色。除了保持一致性外，应用系统的设计还需要注重实用性和人性化。例如，导视系统要清晰明了，方便读者快速找到目的地；宣传品的设计要考虑到受众的需求和喜好，以吸引更多的读者关注；工作人员制服的设计要既符合职业形象又能展现图书馆的文化氛围。此外，应用系统的设计还需要考虑到不同媒介和环境的呈现效果，以确保在各种情况下都能保持最佳的视觉效果。在应用系统的设计中，还需要特别关注与读者的互动体验。图书馆作为公共服务机构，其品牌形象不仅仅体现在视觉识别系统上，更体现在读者对图书馆的整体感受上。因此，在应用系统的设计中，要充分考虑读者的需求和体验，以提供更加优质、便捷的服务。例如，可以设置互动式的导视系统，方便读者查询信息、参与互动；也可以设计富有创意的宣传品，吸引读者的眼球、激发读者的兴趣。公共图书馆在品牌建设过程中，强化品牌形象的策略与手段是必不可少的。通过精心设计的视觉识别系统，包括标志、标准字、标准色以及应用系统等元素，可以有效塑造出独特而鲜明的品牌形象，进而提升图书馆的服务质量和文化影响力。同时，还需要注重与读者的互动体验，提供更加优质、便捷的服务，以吸引更多的读者关注和支持图书馆的发展。只有这样，公共图书馆才能在日益激烈的竞争中脱颖而出，成为城市文化的重要地标和公众喜爱的知识殿堂。

（三）品牌传播策略

1. 媒体选择与组合

媒体选择是品牌传播策略中的第一步，它直接关系到信息能否准确、快速地触达目标受众。公共图书馆在选择传播媒体时，需要综合考虑媒体的影响力、受众的覆盖范围以及传播成本等多个因素。传统媒体如报纸、电视、广播等具有广泛的覆盖面和较高的权威性，适合用于发布重要新闻和公告，塑造图书馆的整体形象。新媒体如社交媒体、短视频平台、博客等则具有互动性强、传播速度快的特点，能够迅速传达图书馆的最新动态和特色活动，吸引年轻读者的关注。此外，线下活动如讲座、展览、读者见面会等也是不容忽视的传播渠道，它们能够提供更加直观、生动的品牌体验，增强读者对图书馆的认同感和归属感。在媒体选择的基础上，媒体组合的策略也至关重要。公共图书馆应根据不同的传播目标和内容，合理搭配各种媒体，形成优势互补的传播网络。例如，可以通过传统媒体发布重要新闻和公告，吸引公众的注意；通过新媒体发布实时动态和互动内容，增强与读者的互动；再通过线下活动提供深度体验和服务，巩固读者的忠诚度。同时，公共图书馆还应注意媒体组合的时效性和节奏感，避免信息过载或传播空白，确保品牌信息的连贯性和一致性。此外，图书馆还可以利用大数据分析技术，对读者的阅读习惯和媒体使用习惯进行深入分析，以便更加精准地选择媒体和制定传播策略。除了选择合适的媒体和进行有效的媒体组合外，公共图书馆还需要注重媒体内容的创新和优化。在内容制作上，图书馆应充分发挥自身的文化资源和专业优势，制作高质量、有趣味性的内容，吸引读者的关注和兴趣。同时，图书馆还应关注读者的反馈和需求，及时调整和优化内容，使其更加符合读者的期望和口味。

2. 品牌故事与文化传播

品牌故事和文化传播是品牌传播策略中的另一重要方面。一个成功的品牌不仅要有优质的产品和服务，更要有动人心弦的品牌故事和深厚的文化底蕴。公共图书馆作为传承文明、推广阅读的重要阵地，拥有丰富的品牌故事和文化资源。在构建品牌故事时，公共图书馆应深入挖掘自身的历史积淀和文化特色，将图书馆的发展历程、建筑风格、藏书特色等元素融入其中，形成独特而富有感染力的故事线。这些故事可以通过文字、图片、视频等多种形式进行呈现，让读者在品味故事的过程中产生共鸣和情感链接。同时，公共图书馆还应关注读者的需求和情感，将品牌故事与读者的阅读体验、成长历程相结合，让读者在感受文化魅力的同时，也能找到与自身经历和情感的共鸣点。文化传播则是品牌故事的重要载体。公共图书馆应通过举办文化讲座、展览、读书活动等多种形式，将图书馆的品牌故事和文化底蕴呈现给公众。这些活动不仅可以吸引读者参与、提高图书馆的知名度和影响力，还能让读者在亲身参与中感受到图书馆的文化魅力和品牌价值。同时，图书馆还可以利用新媒体平台，如官方网站、社交媒体等，以图文、视频等多媒体形式展示图书馆的文化魅力，吸引更多公众关注和参与。在品牌故事与文化传播的过程中，公共图书馆还应注重与读者的互动和反馈。通过调查问卷、读者座谈会等方式，了解读者对品牌故事和文化传播的接受程度和反馈意见，及时调整策略和内容，使品牌传播更加贴近读者、深入人心。此外，图书馆还可以利用社交媒体等新媒体平台与读者进行实时互动，回答读者的问题、解决读者的疑虑，进一步拉近与读者的距离。除了构建品牌故事和传播文化外，公共图书馆还应注重品牌的形象塑造。这包括设计独特的品牌标识、统一的视觉识别系统以及营造舒适、温馨的阅读环境等。这些元素共同构成了图书馆的品牌形象，直接影响着读者对图书馆的认知和印象。因此，公共图书馆在品牌传播策略中应充分考虑形象塑造的需要，确保品牌形象的统一性和一致性。公共图书馆的品牌传播策略是一个多元化、综合性的过程。它需要图书馆在媒体选择与组合、品牌故事与文化传播等多个方面下功夫，以确保品牌信息的有效传达和品牌的深入人心。同时，图书馆还应关注读者的需求和反馈，不断调整和优化传播策略，使品牌传播更加贴近读者、更加富有成效。只有这样，公共图书馆才能在激烈的市场竞争中脱颖而出，成为读者心中的文化地标和精神家园。

（四）品牌体验与互动

线下活动组织是公共图书馆增强品牌体验与互动的重要环节。通过精心策划和组织各类丰富多彩的活动，图书馆能够为读者带来身临其境的品牌体验，增强读者对品牌的认同感和归属感。例如，图书馆可以定期举办读书分享会、作家签售会、主题展览等活动，为读者提供与书籍、作者、文化深入互动的机会。这些活动不仅能够吸引读者积极参与，还能激发读者的阅读兴趣和热情，从而增强图书馆的品牌影响力。同时，图书馆还可以与社区、学校、企业等合作，共同举办各类文化活动，扩大品牌的影响力和覆盖面。线上互动平台的建设则是公共图书馆在数字化时代强化品牌形象的重要手段。通过构建线上互动平台，图书馆能够突破时间和空间的限制，与读者进行实时、便捷的互动交流。例如，图书馆可以利用官方网站、社交媒体、移动应用等平台，发布图书推荐、活动信息、讲座视频等内容，吸引读者关注和参与。同时，图书馆还可以设置在线问答、读者评价、社区讨论等功能，鼓励读者发表自己的观点和看法，形成积极的互动氛围。通过这些线上互动平台，图书馆不仅能够提升品牌的知名度和美誉度，还能及时收集读者的反馈和建议，不断改进服务质量，满足读者的需求。强化品牌形象的策略与手段对于公共图书馆品牌建设至关重要。通过线下活动组织和线上互动平台的建设，图书馆能够为读者带来更加丰富、多样的品牌体验与互动机会，增强读者对品牌的认同感和归属感。同时，这些措施还能够提升图书馆的服务品质和品牌影响力，推动图书馆的可持续发展。在未来的发展中，公共图书馆需要继续探索和创新品牌建设的策略和手段，不断满足读者的需求，为社会的文化事业做出更大的贡献。具体来说，线下活动组织需要注重活动的主题策划和内容创新，确保每次活动都能吸引读者的兴趣，使其参与其中。同时，图书馆还需要加强与社区、学校、企业等机构的合作，共同打造具有影响力的文化品牌。在线上互动平台建设方面，图书馆需要充分利用现代信息技术，不断优化平台的用户体验和功能设计，确保读者能够便捷地获取信息和参与互动。此外，图书馆还需要加强对线上平台的宣传推广，提高品牌的知名度和影响力。在实施这些策略和手段的过程中，图书馆还需要注重数据的收集和分析。通过对读者参与活动的情况、线上平台的访问量、读者评价等数据进行深入分析，图书馆可以了解读者的需求和偏好，为改进服务质量和提升品牌形象提供有力支持。同时，这些数据还可以为图书馆制定更加精准的市场营销策略提供参考依据。强化品牌形象的策略与手段是公共图书馆品牌建设的关键所在。通过线下活动组织和线上互动平台的建设，图书馆能够为读者带来更加丰富的品牌体验与互动机会，提升服务品质和品牌影响力。在未来的发展中，公共图书馆需要不断创新和完善品牌建设的策略和手段，以满足读者的需求和期望，为社会的文化事业发展做出更大的贡献。

三、创新品牌活动的切入点与方式

（一）品牌活动的意义与价值

首先，品牌活动可以提升公共图书馆的知名度和影响力。通过策划创新有吸引力的品牌活动，可以吸引更多的读者和社会关注，提高公共图书馆的知名度和形象，进而扩大读者群体。其次，品牌活动能够增加公共图书馆的社会价值。作为一个文化、知识传播的载体，公共图书馆承担着向社会提供免费图书借阅和知识服务的重要责任。通过品牌活动，公共图书馆可以向社会传递知识、文化、艺术等方面的价值观，引导人们关注和参与到文化知识的传播中，进一步提升公共图书馆的社会价值。最后，品牌活动还有助于公共图书馆的转型升级。随着科技的发展和社会需求的变化，公共图书馆也需要进行创新和转型以适应新的形势。通过品牌活动，公共图书馆可以突破传统的图书借阅服务，开展多元化的文化活动，如展览、讲座、工作坊等，吸引更多有不同需求的读者参与，推动公共图书馆的转型升级。

对于品牌活动的切入点与方式，公共图书馆可以从以下几个方面入手。首先，公共图书馆可以关注时事热点，结合社会热点问题开展相关主题的品牌活动，如举办讲座、座谈会以及展览等方式，引导读者关注社会问题，提高公共图书馆的社会影响力。其次，公共图书馆可以关注读者需求，结合读者群体的兴趣和需求，开展具有特色的品牌活动。例如，针对儿童读者，可以开展儿童故事会、手工制作等活动；针对青少年读者，可以开展文学沙龙、写作比赛等活动；针对成年读者，可以组织讲座、读书分享等活动。通过满足读者兴趣和需求，提升公共图书馆的服务体验和读者忠诚度。最后，公共图书馆还可以与其他机构、社团等合作，共同开展品牌活动，实现资源共享和互利共赢。例如，与学校、社区、文化机构等合作，共同举办读书活动、文化交流活动等，通过各方资源的整合，提供更加丰富多样的品牌活动内容，为读者提供更多元化的服务。总之，品牌活动对于公共图书馆的建设具有重要意义与价值。公共图书馆可以从关注社会热点、满足读者需求和与其他机构合作等方面入手，开展创新有吸引力的品牌活动，提升公共图书馆的知名度、社会价值和读者体验，推动公共图书馆的发展和转型升级。

（二）文化融合活动的创新设计

品牌活动的创新切入点与方式对于公共图书馆品牌建设至关重要，特别是在文化融合活动的创新设计上。公共图书馆作为文化传承和交流的重要场所，应当深入挖掘传统文化内涵，同时积极融入现代元素，让品牌活动既有历史的厚重感，又有时代的鲜活气息。在传统文化与现代元素结合方面，公共图书馆可以举办一系列以传统节日和习俗为主题的文化活动，如春节写春联、中秋节制作月饼、端午节包粽子等。这些活动不仅可以让读者亲身感受传统文化的魅力，还能在参与过程中体验到传统文化的深厚底蕴。同时，公共图书馆还可以利用现代科技手段，如虚拟现实、增强现实等技术，将这些传统文化活动以更加生动、有趣的形式呈现出来，吸引更多年轻读者的参与。此外，公共图书馆还可以与时尚、艺术等领域进行合作，将传统文化与现代设计、现代艺术相结合，创造出具有独特魅力的文化产品，如传统与现代相结合的图书、文创产品等，进一步推广和传承传统文化。

传统文化是民族的根与魂，它承载着历史记忆和民族智慧。然而，传统并非一成不变，它需要在新的时代背景下不断被赋予新的内涵和形式。因此，图书馆可以通过举办传统文化讲座、展览、表演等形式，让读者近距离感受传统文化的魅力。同时，结合现代科技手段，如数字化展示、虚拟现实等，让传统文化以更加生动、形象的方式呈现，增强其对年轻一代的吸引力。此外，地域文化是全球文化多样性的重要组成部分。每个地区都有其独特的文化传统和风俗习惯，这些地域文化不仅是当地人民的宝贵财富，也是推动地区发展的重要资源。公共图书馆在品牌活动中应注重地域文化的展示和传承，通过举办地域文化节、民俗展览等活动，让读者了解不同地域的文化特色和历史背景。同时，图书馆也应具有全球视野，积极引进国际先进文化理念，推动不同文化之间的交流与融合。这不仅可以丰富图书馆的文化活动内容，也有助于提升读者的文化素养和国际视野。

（三）旅游融合活动的创新设计

1. 旅游资源的图书馆利用

在公共图书馆品牌建设中，一个创新且富有潜力的切入点是将图书馆与旅游资源相结合。这种结合不仅为图书馆带来了全新的活力，也为旅游业注入了深厚的文化底蕴。首先，图书馆可以充分利用其丰富的馆藏资源，开发一系列与旅游相关的主题展览和讲座。这些展览和讲座可以围绕当地的历史文化、自然风光、民俗风情等展开，为游客提供一次别样的文化体验。同时，图书馆还可以与旅游部门合作，将图书馆作为旅游线路的一个重要节点，让游客在游览的过程中，能够深入了解当地的文化和历史。为了进一步提升图书馆的旅游价值，图书馆还可以推出一些特色的旅游服务。例如，为游客提供定制化的图书借阅服务，让他们在旅行中能够随时阅读到与目的地相关的书籍，增加旅行的趣味性和深度。此外，图书馆还可以设立旅游信息中心，为游客提供旅游咨询、地图导览等服务，帮助他们更好地规划行程。通过这些措施，图书馆不仅能够吸引更多的游客前来参观，还能够提升其在当地旅游市场中的影响力和知名度。

2. 旅游线路与图书借阅的结合

将旅游线路与图书借阅相结合，是公共图书馆品牌建设的又一创新举措。这种结合不仅能够为游客提供更加丰富的旅游体验，还能够促进图书馆资源的有效利用。在具体操作上，图书馆可以根据当地的旅游资源和特色，设计出一系列与旅游相关的图书借阅线路。这些线路可以围绕某个主题或者景点展开，让游客在游览的过程中，能够借阅到与之相关的书籍，增加对当地文化的了解和认识。为了更好地满足游客的阅读需求，图书馆还可以与当地的旅游机构合作，共同推出一些特色的图书借阅服务。例如，为游客提供电子图书的下载和阅读服务，让他们在旅行中能够随时随地阅读到感兴趣的书籍。此外，图书馆还可以设立旅游图书专区，专门收藏与旅游相关的图书和资料，为游客提供更加便捷的阅读体验。除了为游客提供阅读服务外，图书馆还可以利用其自身的资源和优势，为旅游线路的设计和推广提供支持。例如，图书馆可以提供丰富的历史文化知识和资料，帮助旅游机构设计出更加具有文化底蕴的旅游线路。同时，图书馆还可以通过举办讲座、展览等活动，吸引更多的游客关注这些旅游线路，促进当地旅游业的发展。通过将旅游线路与图书借阅相结合，图书馆不仅能够为游客提供更加丰富的旅游体验，还能够促进自身资源的有效利用和品牌的推广。这种创新举措不仅能够增强图书馆与旅游业之间的合作与交流，还能够为当地的文化旅游事业注入新的活力和动力。同时，这种结合也为图书馆带来了更多的发展机遇和挑战，需要图书馆不断创新和完善服务，以满足游客日益多样化的需求。

（四）互动体验活动的创新设计

在公共图书馆品牌建设的众多策略中，创新品牌活动无疑是提升品牌影响力、增强读者黏性的关键一环。品牌活动不仅是图书馆服务功能的延伸，更是与读者建立深层次情感联系的重要桥梁。那么，如何切入并创新这些品牌活动，使其既符合图书馆的文化定位，又能吸引并留住读者呢？互动体验活动以其参与性强、体验感佳的特点，在公共图书馆品牌活动中占据了一席之地。这类活动通过增强读者与图书馆的互动，使读者在参与过程中获得知识与乐趣，从而加深对图书馆品牌的认同感。互动展览是图书馆品牌活动的一大亮点。通过设计主题鲜明、内容丰富的展览，图书馆能够吸引不同年龄层的读者前来参观。例如，可以结合时下热点或节日庆典，推出与之相关的专题展览，如"世界读书日"主题展览、"科幻小说"专题展等。在展览形式上，可以采用声光电等多媒体手段，增强展览的互动性和趣味性。此外，讲座作为图书馆的传统服务形式，也可以通过创新来焕发新的活力。例如，可以邀请知名作家、学者进行主题演讲，或者举办读者分享会，让普通读者也有机会上台分享自己的阅读心得。让读者参与到品牌活动的策划中来，这样不仅能够增强读者的归属感和参与感，还能够为图书馆的品牌活动注入新的活力。图书馆可以通过举办读者意见征集活动，让读者为品牌活动出谋划策；或者设立"读者策划人"的角色，让有兴趣的读者直接参与到活动的策划和组织中来。此外，图书馆还可以利用社交媒体等线上平台，开展线上互动活动，如线上读书会、线上知识竞赛等，吸引更多的读者参与。在创新品牌活动的过程中，图书馆需要紧跟时代步伐，结合读者需求，不断探索和实践。只有这样，才能打造出具有独特魅力的图书馆品牌活动，吸引更多的读者走进图书馆、爱上图书馆。同时，图书馆还需要注重活动的持续性和系统性，确保品牌活动能够形成长效机制，为图书馆的长期发展奠定坚实基础。

四、公共图书馆品牌建设的持续管理与评估

品牌建设的持续管理与评估是公共图书馆品牌战略中不可或缺的一环。这不仅是对品牌建设成果的检测，更是对图书馆服务质量和文化价值的深度挖掘与提升。在长期的品牌建设过程中，公共图书馆需要持续投入精力，不断完善管理机制，评估品牌建设的成效，并根据反馈进行调整，确保品牌建设始终处于健康发展的轨道上。

（一）品牌建设的长期规划

品牌建设是一个长期的过程，需要有明确的目标和持续的努力。公共图书馆在品牌建设的过程中，首先需要制定一个具有前瞻性的长期规划。这个规划应该基于图书馆的使命、愿景和核心价值观，结合读者的需求和市场的变化，设定清晰、可量化的品牌建设目标。这些目标应该包括品牌知名度的提升、品牌形象的塑造、品牌忠诚度的培养等方面。同时，规划还需要明确实现这些目标的具体路径和策略，包括品牌传播的方式、品牌活动的安排、品牌形象的维护等。在实施长期规划的过程中，公共图书馆需要保持战略定力，不断调整和完善规划的内容。一方面，图书馆需要密切关注市场动态和读者需求的变化，及时调整品牌建设的方向和重点。另一方面，图书馆还需要关注品牌建设的成效，根据评估结果对规划进行修正和优化，确保品牌建设的持续性和有效性。

（二）品牌形象的定期维护

品牌形象是品牌建设的重要组成部分，它直接关系到读者对图书馆的感知和评价。因此，公共图书馆需要定期对品牌形象进行维护和更新。这包括对图书馆标识、馆舍环境、服务设施等硬件条件的维护，也包括对图书馆服务理念、服务态度等软件条件的提升。在硬件条件的维护方面，图书馆需要定期对馆舍环境进行整修和更新，保持图书馆的整洁、美观和舒适。同时，图书馆还需要对服务设施进行升级和改造，提升服务的便捷性和高效性。在软件条件的提升方面，图书馆需要注重服务理念的更新和服务态度的改进。图书馆应该始终坚持"读者至上"的服务理念，不断提升员工的服务意识和服务能力，为读者提供优质、高效的服务。除了日常的维护和更新外，图书馆还需要定期进行品牌形象的宣传和推广。这可以通过多种渠道实现，如举办品牌活动、发布品牌宣传册、开展媒体合作等。通过这些活动和渠道，图书馆可以向读者和社会公众传递图书馆的品牌形象和品牌价值，提升品牌的知名度和影响力。

（三）品牌活动的持续优化

品牌活动是提升图书馆品牌知名度和影响力的有效手段。公共图书馆需要不断优化品牌活动的内容和形式，以吸引更多读者的参与和关注。在活动的策划和设计上，图书馆应该紧密结合读者的兴趣和需求，创新活动形式和内容，提升活动的吸引力和影响力。首先，图书馆需要深入了解读者的需求和兴趣，根据读者的反馈和调查结果来策划和设计品牌活动。这样可以确保活动的内容与读者的需求相契合，提升活动的吸引力和参与度。其次，图书馆需要注重活动的创新性和多样性。通过引入新的活动形式和内容，图书馆可以吸引更多读者的关注和参与，同时也可以增强品牌的活力和新鲜感。最后，图书馆还需要注重活动的连续性和系统性。通过一系列相关联的活动，图书馆可以形成品牌效应，提升品牌的认知度和忠诚度。例如，图书馆可以围绕某个主题或节日策划一系列相关的活动，形成品牌系列，增强品牌的辨识度和记忆度。

（四）品牌建设的成效评估与反馈

品牌建设的成效评估是品牌建设过程中不可或缺的一环。通过对品牌建设成果的评估和分析，图书馆可以了解品牌建设的实际效果和存在的问题，从而为下一步的品牌建设提供有力的数据支撑和决策依据。在进行品牌建设成效评估时，图书馆需要建立一套科学、合理的评估体系。这个体系应该包括多个评估指标和评估方法，以确保评估结果的全面性和客观性。图书馆可以通过问卷调查、读者反馈、社交媒体分析等方式来收集数据和信息，对品牌知名度、品牌美誉度、品牌忠诚度等方面进行评估。同时，图书馆还需要注重评估结果的反馈和应用。通过对评估结果的分析和研究，图书馆可以发现品牌建设中存在的问题和不足，从而有针对性地进行改进和优化。如果评估结果显示品牌知名度较低，图书馆可以加大品牌传播的力度和广度；如果评估结果显示品牌忠诚度不高，图书馆可以加强读者服务和互动，提升读者的满意度和归属感。此外，图书馆还需要将品牌建设成效评估与整体发展战略相结合。通过对比品牌建设与图书馆整体发展的关系，图书馆可以发现品牌建设与整体发展的契合点和矛盾点，从而调整和完善品牌建设的策略和方向。如果品牌建设与图书馆的整体发展战略存在冲突或矛盾，图书馆需要对品牌建设进行调整和优化，确保品牌建设与整体发展相互促进、相得益彰。

第五章　公共图书馆品牌建设的现状与趋势

一、品牌建设意识的觉醒与提升

随着文旅融合逐渐成为当代社会文化发展的重要趋势，公共图书馆作为文化与旅游的交会点，其品牌建设意识正在经历一个觉醒与提升的过程。这不仅反映了图书馆对于自身角色和功能的重新定位，更体现了其对于社会文化发展趋势的敏锐洞察和积极应对。

（一）品牌意识的普及与深化

在过去，公共图书馆更多地聚焦于图书资源的收藏、整理和借阅服务，对于品牌建设的重视程度相对较低。但随着文旅融合的推进，图书馆开始逐渐意识到品牌不仅仅是一个标识或是一个名称，更是图书馆文化内涵、服务质量和社会形象的综合体现。品牌意识的普及与深化，使得图书馆开始从战略高度审视品牌建设的重要性，并将其纳入图书馆整体发展规划之中。品牌意识的普及表现为图书馆从上至下都认识到品牌建设的重要性，从馆长到普通员工都积极参与品牌建设活动。图书馆通过制定品牌战略、明确品牌定位、优化品牌形象等方式，不断提升品牌的知名度和美誉度。同时，图书馆还加强品牌传播，利用社交媒体、网络平台等多种渠道，扩大品牌的影响力。品牌意识的深化则体现在图书馆对于品牌价值的深入挖掘和提升。图书馆不仅关注服务质量和资源建设，更注重文化内涵的挖掘和社会影响力的提升。通过举办主题阅读、文化讲座、艺术展览等多元化活动，可以吸引更多读者走进图书馆，感受文化的魅力。同时，图书馆还积极参与社会文化活动，与其他文化机构合作，共同推动文化事业的发展。

（二）品牌价值的认识与提升

随着品牌意识的普及和深化，图书馆对于品牌价值的认识也在不断提升。品牌价值不仅体现在图书馆的服务质量、资源建设等方面，更体现在其文化内涵、社会影响力等方面。图书馆开始意识到，品牌价值不仅关乎自身的生存和发展，更关乎社会文化的传承和创新。首先，图书馆开始注重提升服务质量和资源建设水平。通过优化服务流程、提升员工素质、加强资源建设等措施，图书馆不断提升自身的服务能力和水平。同时，图书馆还注重读者的需求和反馈，不断优化服务内容和方式，满足读者的多元化需求。其次，图书馆注重挖掘和传承自身的文化内涵。通过梳理图书馆的历史沿革、文化内涵和特色资源等方面，图书馆打造独特的品牌形象和文化氛围。同时，图书馆还注重与读者的情感连接和文化共鸣，通过举办文化活动、推出文化产品等方式，增强读者对图书馆的认同感和归属感。最后，图书馆积极参与社会文化活动，提升社会影响力。通过与其他文化机构合作、参与社会公益事业等方式，图书馆不仅扩大了自身的影响力，也为社会文化的传承和创新作出了积极贡献。同时，图书馆还注重与读者的互动和沟通，通过线上线下相结合的方式，拓展品牌传播渠道，让更多的人了解图书馆、走进图书馆。在文旅融合背景下，公共图书馆品牌建设意识的觉醒与提升是一个长期而持续的过程。这不仅需要图书馆自身的努力和探索，也需要社会各界的关注和支持。只有这样，图书馆才能在新的历史起点上，更好地发挥自身的文化引领作用，为公众提供更加优质、多元的服务，为社会的文化繁荣和发展作出更大的贡献。同时，图书馆还需要不断创新服务模式，拓展服务领域，以适应文旅融合发展的新趋势和新要求。通过加强品牌建设，图书馆将更好地服务于社会、服务于读者，成为推动文化事业发展的重要力量。

二、品牌建设实践与探索

（一）图书馆特色品牌的打造

在文旅融合的背景下，公共图书馆的品牌建设迎来了新的机遇和挑战。为了在这股潮流中脱颖而出，图书馆必须积极打造具有地方特色和文化底蕴的品牌形象。这不仅是对图书馆服务内容的丰富和提升，更是对图书馆文化传承和创新的体现。图书馆作为文化的聚集地，应该深入挖掘所在地的历史文化资源，将这些元素融入图书馆的服务中。例如，一些图书馆设立了主题阅读区，专门陈列与本地文化相关的书籍和资料，让读者在阅读中感受地方文化的独特魅力。同时，图书馆还可以与当地的文化机构、艺术家等合作，共同策划和举办具有地方特色的文化活动，如文化讲座、展览、演出等，吸引更多读者走进图书馆，感受文化的厚重和传承的力量。图书馆的服务对象是读者，因此，在打造特色品牌时，必须充分考虑读者的需求和兴趣。图书馆可以通过问卷调查、读者座谈等方式了解读者的阅读偏好和文化需求，根据这些信息来策划和举办相应的活动和服务。同时，图书馆还可以利用大数据、人工智能等现代科技手段，对读者的阅读行为和兴趣进行分析和预测，为读者提供更加精准和个性化的服务。品牌打造不是一蹴而就的，需要长期的积累和沉淀。因此，图书馆在打造特色品牌时，要注重品牌的持续性和创新性。一方面，图书馆要定期对品牌活动和服务进行评估和调整，确保它们能够持续吸引读者并满足他们的需求；另一方面，图书馆要不断创新品牌活动和服务的形式和内容，引入新的元素和创意，让品牌始终保持活力和新鲜感。通过打造具有地方特色和文化底蕴的品牌形象，公共图书馆不仅可以丰富自身的服务内容，提升服务水平和影响力，还可以为城市的文化发展注入新的活力。同时，这也是对图书馆文化传承和创新职能的充分展现和发挥。

（二）文旅融合品牌活动的创新

随着文旅融合的深入推进，公共图书馆在品牌活动创新方面迎来了新的机遇。为了更好地融入这一大潮中，图书馆需要积极创新品牌活动，推动文化与旅游的深度融合。这种融合不仅有助于提升图书馆的服务水平和影响力，也有助于推动城市文化旅游事业的发展。图书馆可以与旅游部门、景区景点、文化机构等合作，共同开发一系列具有地方特色的文旅融合品牌活动。这些活动可以以图书馆为载体，将文化、旅游、教育等多元素融合在一起，为读者和游客提供全新的文化体验。例如，一些图书馆与旅游景区合作，推出了"图书馆＋旅游"模式，游客在游览景区的同时，也可以参观图书馆，感受文化的厚重和历史的沉淀。这种模式的推出不仅丰富了游客的旅游体验，也提升了图书馆的服务水平和影响力。图书馆可以结合当地的民俗文化和传统节日，举办一系列具有浓郁地方特色的文化活动。这些活动可以包括民俗展览、非遗表演、手工艺术展示等，让游客在参与中感受到文化的多样性和丰富性。同时，图书馆还可以邀请当地的文化名人、艺术家等参与活动的策划和组织，提升活动的专业性和吸引力。图书馆还可以利用现代科技手段和创新思维，打造一些具有互动性和体验性的品牌活动。例如，利用虚拟现实（VR）技术让读者在虚拟环境中感受地方文化的魅力；通过增强现实（AR）技术让读者在阅读过程中获得更加丰富的视觉和听觉体验；利用社交媒体平台开展线上互动活动吸引更多年轻人参与等。这些创新性的品牌活动不仅可以吸引更多读者和游客参与，也可以提升图书馆的品牌形象和知名度。在创新文旅融合品牌活动的过程中图书馆还需要注重活动的可持续性和社会效益。一方面图书馆要确保活动能够持续开展并逐渐形成品牌效应；另一方面图书馆要关注活动的社会效益。通过开展活动推动当地文化旅游事业的发展，提升城市的文化软实力。通过创新文旅融合品牌活动，公共图书馆不仅可以丰富自身的服务形式和内容，也可以推动文化与旅游的深度融合，为城市的文化旅游事业注入新的活力，也是对图书馆文化传承和创新职能的拓展和延伸。

（三）品牌传播与推广的策略

在文旅融合背景下，公共图书馆的品牌传播与推广策略显得尤为重要。一个优秀的品牌不仅要有独特的内涵和价值，还要通过有效的传播渠道和策略让更多人了解和认可。因此，图书馆需要制定一套科学合理的品牌传播与推广策略来提升品牌的知名度和影响力。图书馆要充分利用现代科技手段和多元化的宣传渠道来传递品牌信息。通过官方网站、社交媒体、移动应用等线上平台发布最新活动信息、推广阅读文化、展示特色资源等，吸引更多读者关注和参与。同时图书馆还可以利用传统媒体，如报纸、电视、广播等，进行宣传报道扩大品牌知名度和影响力。此外，图书馆还可以与当地的媒体机构合作，共同策划和推出一些专题报道或特别节目来提升品牌的曝光度和美誉度。图书馆要注重与读者的互动和交流，建立良好的品牌形象。通过举办读者座谈会、问卷调查、线上互动等方式了解读者的需求和反馈，及时调整和优化服务内容和形式。同时图书馆还可以开展一些读者参与性强的活动，如读书分享会、主题讨论等，让读者更深入地参与到图书馆的品牌建设中来，形成品牌忠诚度和口碑传播。图书馆还可以积极寻求与其他文化机构和旅游机构的合作，共同推广图书馆品牌。例如，图书馆可以与当地的博物馆、艺术馆、旅游景区等合作，共同开展联合展览、文化体验活动等，通过资源共享和优势互补，提升品牌的吸引力和影响力。同时，图书馆还可以加入城市的文化旅游推广计划，成为城市文化旅游的重要组成部分，吸引更多游客前来参观和体验。在推广过程中，图书馆还需要注重品牌的差异化和个性化。面对众多的文化机构和旅游景点，图书馆要突出自身的特色和优势，形成独特的品牌形象。例如，图书馆可以结合自身的馆藏资源和文化特色，推出一些独具特色的文化产品和服务，如定制化的阅读推荐、地方文化主题展览等，让读者和游客在参与中感受到品牌的独特魅力。图书馆要建立完善的品牌评估机制，定期对品牌传播与推广的效果进行评估和反馈。通过收集和分析读者、游客的反馈意见和数据信息，了解品牌的认知度、美誉度和忠诚度等指标的变化情况，及时调整和优化品牌传播与推广策略，确保品牌建设的持续性和有效性。在文旅融合背景下，公共图书馆的品牌传播与推广策略需要综合考虑多方面的因素和挑战。通过充分利用现代科技手段、多元化宣传渠道、与读者和合作伙伴的互动交流以及建立完善的品牌评估机制等措施，图书馆可以有效提升品牌的知名度和影响力，为城市的文化旅游事业注入新的活力，推动图书馆事业的持续发展和创新。

三、公共图书馆品牌建设的未来趋势与挑战

（一）数字化转型与品牌建设

1. 数字化技术在品牌建设中的应用

随着科技的飞速发展，数字化技术已经成为公共图书馆品牌建设不可或缺的一部分。这些技术的应用不仅极大地丰富了图书馆的服务内容，也为品牌形象的塑造和传播带来了全新的机遇。图书馆通过收集和分析读者的借阅记录、浏览行为等数据，能够更准确地把握读者的兴趣和需求，从而为他们提供更加个性化、精准的服务。这种以数据驱动的服务模式不仅提升了读者的满意度，也为图书馆品牌的建设奠定了坚实的基础。云计算技术为图书馆的品牌建设提供了强大的支持。通过云计算平台，图书馆可以实现资源的集中存储和共享，提高资源利用效率。同时，云计算还能够为图书馆提供弹性可扩展的服务能力，确保在高峰期或突发事件发生时，图书馆能够迅速应对，为读者提供稳定、可靠的服务。这种高效、稳定的服务体验无疑增强了图书馆品牌的吸引力和影响力。社交媒体和移动应用等数字化工具也为图书馆的品牌建设提供了新的渠道。图书馆可以通过微博、微信等社交媒体平台与读者进行实时互动，了解他们的需求和反馈。同时，通过开发移动应用程序，图书馆可以为读者提供更加便捷、高效的服务体验。这些数字化工具不仅拓宽了图书馆与读者之间的沟通渠道，也为图书馆品牌的传播和推广提供了有力的支持。

2. 数字化转型对品牌传播的影响

数字化转型对公共图书馆品牌传播的影响是深远的，它改变了传统的传播模式，使图书馆能够以更加多元、高效的方式与读者建立联系。数字化转型推动了品牌传播渠道的多元化。在过去，图书馆的品牌传播主要依赖于实体空间和印刷媒体，如图书馆建筑、海报、宣传册等。然而，在数字化转型的背景下，图书馆可以利用社交媒体、官方网站、移动应用等多种渠道进行品牌传播。这些数字化渠道不仅覆盖了更广泛的受众群体，还能够实现与读者的实时互动，提高品牌传播的效率和效果。数字化转型增强了品牌传播的互动性。传统的品牌传播方式往往是单向的，即图书馆向读者传递信息，而读者很难直接反馈。然而，在数字化转型的过程中，图书馆可以利用社交媒体、在线调查等手段收集读者的反馈和意见，及时调整和优化品牌策略。这种双向互动的传播模式不仅提高了读者的参与度和满意度，也使图书馆能够更加精准地把握市场需求和变化。数字化转型提升了品牌传播的效果评估能力。通过数据分析工具，图书馆可以实时监测和分析品牌传播的效果，如社交媒体上的点赞数、转发数、评论数等。这些数据能够客观地反映读者对品牌的认知和态度，帮助图书馆及时调整品牌策略，提高品牌传播的效果。数字化转型对公共图书馆品牌传播的影响是积极的、深远的。它推动了品牌传播渠道的多元化、增强了品牌传播的互动性、提升了品牌传播的效果评估能力。在未来，随着数字化技术的不断发展和应用，公共图书馆需要进一步深化数字化转型，探索更加高效、创新的品牌传播方式，为构建具有影响力和竞争力的图书馆品牌做出更大的贡献。

（二）个性化与差异化品牌建设

随着文旅融合的深入推进，公共图书馆品牌建设正面临前所未有的机遇与挑战。未来的品牌建设将更加注重个性化与差异化，以满足日益多元化的读者需求。在这一背景下，公共图书馆需要深入分析读者需求，精准定位自身品牌，制定并实施差异化品牌策略。个性化与差异化品牌建设是未来公共图书馆发展的重要方向。公共图书馆作为文化旅游的重要组成部分，必须紧跟时代潮流，打造独具特色的品牌形象。这一过程中，读者需求分析与品牌定位是关键所在。公共图书馆应通过问卷调查、读者访谈、数据分析等多种方式，深入了解读者的阅读偏好、文化需求、使用习惯等信息，为品牌建设提供坚实的数据支撑。在品牌定位上，公共图书馆应根据自身的历史文化底蕴、地理位置、资源优势等因素，明确自身的核心竞争力和目标读者群体。例如，一些拥有悠久历史的图书馆可以定位为"传统文化传承者"，而位于旅游胜地的图书馆则可以打造为"文旅融合先行者"。通过精准的品牌定位，公共图书馆能够在众多文化机构中脱颖而出，吸引更多读者的关注和参与。在明确了品牌定位后，公共图书馆需要制定具体的差异化品牌策略。这包括但不限于以下几个方面：服务创新、活动策划、营销推广等。在服务创新方面，图书馆可以根据读者的需求，提供个性化推荐、定制化服务、多元化阅读体验等，打造独特的服务品牌。在活动策划方面，图书馆可以结合自身的文化资源和地理优势，举办主题展览、文化讲座、读者交流等活动，增强品牌的吸引力和影响力。在营销推广方面，图书馆可以利用社交媒体、网络平台等渠道，进行品牌推广和宣传，提高品牌的知名度和美誉度。

在实施差异化品牌策略的过程中，公共图书馆需要注意以下几点。首先，要保持品牌策略的一致性和连贯性，避免因为频繁更换策略而导致品牌形象模糊。其次，要注重品牌策略的可操作性和可持续性，确保策略能够得到有效执行和长期维护。最后，要关注品牌策略的市场反馈和读者评价，及时调整和优化策略，以适应不断变化的市场环境和读者需求。个性化与差异化品牌建设是未来公共图书馆发展的重要方向。通过深入分析读者需求、精准定位品牌、制定并实施差异化品牌策略，公共图书馆能够在文旅融合的大背景下实现品牌的创新和突破，为读者提供更加优质、多元、个性化的服务体验。同时，公共图书馆也需要在品牌建设过程中不断总结经验教训，不断完善和优化品牌策略，以适应不断变化的市场环境和读者需求。

（三）品牌国际化与跨文化交流

1. 公共图书馆品牌的国际影响力提升

随着全球化的深入发展，公共图书馆品牌的国际化已成为不可逆转的趋势。在这一进程中，提升公共图书馆品牌的国际影响力，不仅是展示城市文化魅力的重要途径，更是推动图书馆事业可持续发展的关键。公共图书馆要实现品牌国际化，首先必须明确自身定位，挖掘和提炼出具有地方特色和国际普遍价值的文化元素，将其融入品牌建设和服务中。同时，图书馆要加强与国际知名图书馆的交流与合作，通过互派访问学者、共同举办国际学术会议、联合开展国际文化项目等方式，吸收和借鉴国际先进经验，提升自身品牌的国际认知度和影响力。此外，图书馆还应积极利用现代科技手段，如建设多语种网站、开发移动应用、参与国际社交媒体平台等，拓展品牌的国际传播渠道，让更多国际读者和游客了解和认可图书馆品牌。在实现品牌国际化的过程中，公共图书馆还需关注跨文化交流的重要性。不同国家和地区的文化背景、价值观念、阅读习惯等存在较大差异，这就要求图书馆在品牌建设和服务过程中，要尊重并适应这些差异，推动跨文化交流。图书馆可以通过举办国际文化展览、邀请国外作家学者开展讲座、推出多语种阅读推广活动等，为国际读者和游客提供多样化的文化体验，促进文化互鉴和交融。同时，图书馆还应加强对国际读者的服务和引导，提供符合他们需求和习惯的信息资源和服务方式，帮助他们更好地融入当地文化和生活。通过这些举措，公共图书馆不仅能够提升品牌的国际影响力，还能够为推动全球文化多样性和人类文明进步贡献力量。

2.跨文化交流在品牌建设中的作用

跨文化交流在公共图书馆品牌建设中发挥着举足轻重的作用。它不仅有助于推动品牌的国际化，提升品牌的全球影响力，还能够促进不同文化之间的相互理解和尊重，为图书馆的可持续发展注入新的活力。在跨文化交流中，图书馆作为文化的桥梁和纽带，能够通过展示和传播不同国家和地区的文化成果，增进国际读者和游客对多元文化的认识和尊重。这种文化的交流与互鉴，有助于打破文化隔阂，促进文化融合，为图书馆的品牌建设提供丰富的内涵和广阔的空间。同时，跨文化交流还能够激发图书馆的创新活力。在面对不同文化背景和需求时，图书馆需要不断创新服务模式和活动内容，以适应国际读者的多样化需求。这种创新不仅体现在服务方式上，更体现在对文化资源的整合和利用上。图书馆需要深入挖掘和整合全球范围内的文化资源，推出具有国际影响力的文化产品和服务，提升品牌的吸引力和竞争力。此外，跨文化交流还能够提升图书馆的专业素养和服务质量。在与国际知名图书馆的交流与合作中，图书馆能够学习到先进的管理理念和技术手段，提升自身的专业素养和服务水平。这种专业素养的提升，不仅能够为国际读者提供更优质的服务体验，还能够为图书馆的品牌建设提供有力的支撑和保障。跨文化交流在公共图书馆品牌建设中具有重要的作用。它不仅有助于推动品牌的国际化，提升品牌的全球影响力，还能够促进不同文化之间的相互理解和尊重，为图书馆的可持续发展注入新的活力。因此，在未来的品牌建设中，公共图书馆应更加注重跨文化交流的重要性，通过多样化的活动和服务，推动不同文化之间的交流与互鉴，为品牌的国际化和可持续发展贡献力量。

（四）品牌建设的挑战与应对策略

1. 市场竞争与品牌保护的挑战

随着文旅融合的深入推进，公共图书馆面临的市场竞争日益加剧。不仅要与传统图书馆竞争，还要与新兴的文化机构、在线阅读平台等争夺读者和市场份额。这种竞争对图书馆的品牌建设提出了更高的要求。为了在这样的市场环境中立足，图书馆必须明确自身的品牌定位，打造独特的品牌形象，并加强品牌保护，防止被其他机构模仿或侵权。这需要图书馆加强市场调研，了解读者的需求和偏好以及竞争对手的优劣势，从而制定出符合市场需求的品牌发展战略。

2. 读者需求变化与品牌创新的挑战

随着社会的快速发展和读者群体的年轻化，读者的需求也在不断变化。他们不再满足于传统的借阅服务，而是更加注重图书馆的互动性、体验性和创新性。这就要求图书馆在品牌建设过程中，必须紧密关注读者需求的变化，不断创新服务模式和文化活动，以满足读者的多样化需求。同时，图书馆还需要加强与读者的互动沟通，建立稳定的读者关系，提升品牌忠诚度。这需要图书馆具备敏锐的市场洞察力和创新能力，不断推陈出新，吸引读者的眼球和心灵。

3. 技术变革与品牌适应性的挑战

技术的快速发展对图书馆的品牌建设也带来了挑战。在信息化、数字化的时代背景下，图书馆必须紧跟技术发展的步伐，不断提升品牌的科技含量和智能化水平。通过引入先进的技术手段和创新的服务模式，图书馆可以提高服务效率，优化读者体验，进而增强品牌影响力。同时，图书馆还需要关注新兴技术的发展趋势，不断探索品牌发展的新路径。这需要图书馆具备开放的心态和前瞻性的视野，勇于尝试新技术、新模式，推动品牌建设的不断创新和发展。

4. 应对策略与建议

面对以上挑战，公共图书馆需要采取积极的应对策略。首先，图书馆应加强市场调研和读者需求分析，深入了解市场动态和读者需求变化，为品牌建设提供有力支撑。其次，图书馆应加大创新力度，通过创新的服务模式和文化活动来吸引读者、留住读者。同时，图书馆还应加强与相关机构的合作与交流，共同推动文旅融合背景下的品牌建设。此外，图书馆还应建立完善的品牌保护机制，防止品牌形象的侵权与滥用。这些措施的实施将有助于图书馆在激烈的市场竞争中脱颖而出，实现品牌建设的可持续发展。同时，图书馆还需要不断学习和借鉴其他成功品牌的经验，不断提升自身的品牌管理能力和市场竞争力。只有这样，公共图书馆才能在文旅融合的大背景下焕发出新的生机与活力，为社会的文化繁荣和发展做出更大的贡献。

第六章　公共图书馆品牌建设的实用技巧

一、品牌建设策略的制定与实施

（一）明确品牌定位与目标受众

明确品牌定位是公共图书馆品牌建设的第一步。品牌定位不仅决定了图书馆在市场中的竞争地位，也是其服务和活动的指南针。为了进行准确的品牌定位，我们需要深入了解和分析市场需求和竞争态势。通过市场调研和读者调查，我们可以了解读者的需求和期望，他们偏好什么样的阅读体验以及他们在选择图书馆时看重哪些因素。同时，我们也需要对竞争对手进行深入分析，了解他们的品牌定位、服务特色以及优劣势，从而找到我们的差异化和创新点。在确定品牌定位的过程中，我们还需要明确品牌的核心价值和特色。这些核心价值和特色应该与图书馆的使命、愿景和价值观相契合，同时也应该与读者的需求和期望相呼应。例如，我们可以将品牌的核心价值定位为"知识服务的领航者"，特色定位为"专业、便捷、创新"。这样的定位和特色不仅可以让读者清晰地了解我们的品牌价值和特点，也可以激发读者对我们品牌的认同感和归属感。明确目标受众是品牌建设的另一重要方面。我们需要根据品牌定位和市场调研结果，确定我们的目标受众群体，包括他们的年龄、性别、职业、阅读偏好等特征。通过深入了解目标受众的需求和期望，我们可以为他们提供更加精准和个性化的服务，从而增强他们的品牌忠诚度和满意度。

分析市场需求与竞争态势是公共图书馆品牌建设过程中不可或缺的一环。市场需求反映了读者的阅读偏好、信息需求以及服务期望，是图书馆制定服务策略、优化资源配置的重要依据。竞争态势则揭示了同行之间的竞争格局、优劣势以及潜在的市场机会，为图书馆制定差异化竞争策略提供了参考。为了准确把握市场需求，图书馆需要通过多种方式开展市场调研，如发放调查问卷、举办读者座谈会、分析图书馆流通数据等。通过这些调研活动，图书馆可以深入了解读者的阅读习惯、偏好和需求变化，从而调整和优化服务内容、方式及资源配置。例如，针对读者的数字化阅读需求，图书馆可以增加电子图书、期刊等资源的采购，提升数字化服务水平。在竞争态势分析方面，图书馆需要关注同行业的发展动态，了解竞争对手的服务特色、资源配置以及市场影响力等情况。通过与竞争对手的比较，图书馆可以发现自身的优劣势，明确自身在市场中的定位和发展方向。同时，图书馆还需要关注潜在的市场机会，如新技术、新服务模式的出现等，以便及时调整战略，抓住发展机遇。

确定品牌的核心价值与特色是公共图书馆品牌建设中的核心任务。品牌的核心价值是图书馆品牌的灵魂，它代表着图书馆的使命、愿景和价值观，是图书馆与读者之间建立深厚情感联系的基础。品牌的特色则是图书馆品牌在市场上区别于其他竞争者的独特之处，它使得图书馆品牌具有吸引力和竞争力。在确定品牌核心价值时，图书馆需要深入挖掘自身的历史底蕴、文化特色和服务理念，找到与读者需求和期望相契合的价值点。例如，图书馆可以将"传承文化、服务读者"作为品牌的核心价值，强调自身在文化传承和社会教育方面的重要作用，以此吸引和满足读者对精神文化生活的需求。同时，图书馆还需要根据自身的资源特色和服务优势，确定品牌的特色。这些特色可以是图书馆拥有的独特资源、创新的服务模式、先进的科技应用等。例如，一些图书馆可能拥有丰富的古籍资源，可以将其作为品牌的特色之一，吸引对历史文化感兴趣的读者；而一些现代化图书馆则可能注重科技应用和创新服务，如提供虚拟现实阅读体验、开展在线讲座等，以满足读者对便捷、高效、个性化服务的需求。在确定品牌核心价值和特色的过程中，图书馆还需要注意与市场需求和竞争态势的紧密结合。通过对市场需求和竞争态势的分析，图书馆可以更加准确地把握读者的需求和期望以及市场上的竞争态势，从而制定出更加符合实际情况的品牌建设策略。确定品牌的核心价值与特色是公共图书馆品牌建设中的关键一步。通过深入挖掘自身的历史底蕴、文化特色和服务理念以及根据市场需求和竞争态势制定品牌建设策略，图书馆可以打造出具有吸引力和竞争力的品牌，为读者提供更加优质、个性化的服务。

（二）制定品牌建设行动计划

1. 设定品牌建设的时间线与阶段性目标

在公共图书馆品牌建设的行动计划中，设定明确的时间线与阶段性目标是至关重要的。这不仅有助于确保品牌建设工作的有序进行，还能够让图书馆员工和利益相关者清晰地了解品牌建设的进展和预期成果。首先，制定时间线是为了确保品牌建设工作的连贯性和持续性。图书馆应该根据自身的发展规划和资源状况，设定一个合理的品牌建设时间线。这个时间线应该包括品牌建设的起始时间、关键节点以及预期完成时间。通过设定时间线，图书馆可以确保品牌建设工作的有序进行，避免因为时间管理不当而导致的工作延误或资源浪费。其次，设定阶段性目标是品牌建设行动计划的重要组成部分。阶段性目标应该根据品牌建设时间线来制定，确保每个阶段都有明确的目标和成果。这些目标应该具有可衡量性、可达成性和挑战性，以便激励图书馆员工和利益相关者积极参与品牌建设工作。例如，在品牌建设的初期阶段，图书馆可以设定提高品牌知名度、优化读者服务体验等目标；在中期阶段，可以着重提升品牌形象、建立品牌忠诚度等；在长期阶段，则可以致力于巩固品牌地位、拓展品牌影响力等。为了确保时间线与阶段性目标的顺利实施，图书馆还需要制定具体的行动计划。这个计划应该包括每个阶段的具体工作内容、责任人、完成时间等要素，以确保品牌建设工作的顺利推进。同时，图书馆还应该建立监测机制，定期评估品牌建设工作的进展和成果，及时发现问题并采取相应的措施进行调整和优化。设定品牌建设的时间线与阶段性目标是确保品牌建设行动计划有序进行的关键。通过制定合理的时间线和设定具有挑战性的阶段性目标，图书馆可以激发员工的积极性、提高品牌建设的效率和质量，为图书馆的未来发展奠定坚实的基础。

2. 分配品牌建设所需的资源与预算

在公共图书馆品牌建设的行动计划中，资源的分配和预算的制定是确保品牌建设顺利进行的重要保障。图书馆需要综合考虑自身实际情况和发展需求，科学合理地分配品牌建设所需的各类资源，并制定相应的预算计划。人力资源是品牌建设中最关键的因素之一。图书馆应该选拔一批具备品牌建设经验和专业知识的员工，组建品牌建设工作团队。同时，还需要对团队成员进行定期培训，提升他们的品牌意识和专业能力。在分配人力资源时，图书馆应根据每个人的特长和专长进行合理分工，确保团队成员能够充分发挥自己的优势，共同推动品牌建设工作的进展。物力资源也是品牌建设不可或缺的一部分。图书馆需要投入一定的资金用于购买相关设备、材料等，为品牌建设提供必要的物质保障。例如，可以投入资金用于改善图书馆的硬件设施、提升图书馆的数字化水平等。在分配物力资源时，图书馆应充分考虑品牌建设的需求和优先级，确保资源的高效利用。财务资源是品牌建设的重要保障。图书馆需要制定合理的预算计划，确保品牌建设的各项活动能够得到充足的资金支持。预算计划应包括品牌建设的各个方面，如市场调研、品牌策划、宣传推广等。在制定预算时，图书馆应充分考虑自身的财务状况和发展需求，确保预算的合理性和可行性。为了确保资源分配和预算制定的科学性和有效性，图书馆还需要建立相应的监督机制。通过对品牌建设过程的定期检查和评估，图书馆可以及时发现并解决资源分配和预算制定中的问题，确保品牌建设工作的顺利进行。分配品牌建设所需的资源与预算是公共图书馆品牌建设行动计划中的重要环节。通过科学合理地分配人力资源、物力资源和财务资源，并制定相应的预算计划，图书馆可以为品牌建设的顺利进行提供有力保障。同时，建立相应的监督机制也是确保资源分配和预算制定科学性和有效性的关键。

3. 确定品牌建设的关键成功指标（KPI）

在公共图书馆品牌建设的行动计划中，确定关键成功指标（KPI）是衡量品牌建设成功与否的重要依据。通过设定和监测 KPI，图书馆可以及时了解品牌建设的进展情况和问题所在，从而采取相应的措施进行调整和优化。首先，确定 KPI 需要综合考虑品牌建设的目标和需求。图书馆应该根据自身的发展规划和品牌建设策略，选择与品牌建设密切相关的指标作为 KPI。这些指标应该具有可衡量性、可达成性和挑战性，以便能够准确反映品牌建设的成效和不足。例如，图书馆的知名度、读者满意度、服务质量等都可以作为品牌建设的 KPI。其次，设定 KPI 需要注重数据的收集和分析。图书馆应该建立完善的数据收集和分析机制，定期对品牌建设的各项指标进行监测和评估。通过收集和分析数据，图书馆可以及时了解品牌建设的进展情况，发现存在的问题和不足，并采取相应的措施进行调整和优化。同时，图书馆还应该将数据分析和决策相结合，根据数据分析结果制定针对性的品牌建设策略，提高品牌建设的效率和质量。此外，监测和评估 KPI 需要建立相应的反馈机制。图书馆应该定期对 KPI 的监测结果进行分析和评估，及时发现问题并采取相应的措施进行调整。同时，图书馆还应该建立员工激励机制，鼓励员工积极参与品牌建设工作，提高员工的工作积极性和创造力。

（三）实施品牌建设策略

1. 建立品牌管理团队与工作流程

公共图书馆在实施品牌建设策略时，首先需要建立一个专业的品牌管理团队。这个团队应该由具有市场营销、品牌形象设计、媒体传播等相关专业知识的人员组成。他们负责全面规划、执行和监控品牌建设的各项工作。团队成员之间需要密切协作，形成高效的工作流程，确保品牌建设工作的有序进行。在建立品牌管理团队时，图书馆应该明确团队成员的职责和分工，确保每个人都能够充分发挥自己的专业优势。同时，图书馆还需要制定详细的工作计划和时间表，明确品牌建设的目标和步骤，确保工作的顺利进行。为了加强团队之间的沟通和协作，图书馆可以定期召开品牌建设工作会议，分享工作进展、交流经验、讨论问题，并共同制定解决方案。此外，图书馆还可以邀请品牌建设领域的专家进行培训和指导，提高团队成员的专业素养和技能水平。在建立工作流程方面，图书馆需要制定一套完整的品牌建设流程，包括品牌定位、品牌形象设计、品牌宣传与推广、品牌监测与评估等环节。每个环节都需要有明确的操作步骤和标准，确保品牌建设工作的规范化和标准化。同时，图书馆还需要建立一套有效的沟通机制，确保团队内部和与其他部门之间的顺畅沟通。这有助于及时发现和解决问题，提高工作效率，确保品牌建设工作的顺利进行。

2. 开展品牌宣传与推广活动

开展品牌宣传与推广活动是公共图书馆品牌建设策略中的重要环节。通过有效的宣传和推广，可以提高图书馆的知名度和影响力，吸引更多的读者和用户，增强品牌的竞争力。在进行品牌宣传与推广时，图书馆需要选择合适的宣传渠道和方式。根据目标受众的特点和需求，图书馆可以选择社交媒体、传统媒体、线下活动等多种渠道进行宣传。例如，图书馆可以在社交媒体平台上发布动态、分享图书推荐、举办线上活动等，吸引年轻读者的关注；同时，也可以通过报纸、杂志、电视等传统媒体进行品牌宣传，扩大覆盖面和影响力。除了选择合适的宣传渠道和方式外，图书馆还需要注重宣传内容的质量和创意。宣传内容应该具有吸引力和感染力，能够引起读者的共鸣和兴趣。图书馆可以通过设计独特的品牌形象、创作精美的宣传海报、制作有趣的宣传视频等方式，提升宣传内容的吸引力和传播效果。此外，图书馆还可以结合自身的特点和优势，开展特色文化活动和读者互动体验。例如，可以举办讲座、展览、读者分享会等活动，吸引读者参与并提升他们的文化素养；同时，也可以通过问卷调查、读者互动游戏等方式，增强与读者的互动和沟通，提升品牌的忠诚度和美誉度。在开展品牌宣传与推广活动时，图书馆还需要注重与其他机构的合作与联动。通过与其他文化机构、教育机构、企业等建立合作关系，可以共同开展品牌活动，扩大品牌的影响力和知名度。同时，也可以借鉴其他机构的成功经验和做法，提升自身品牌建设的水平和效果。

3. 监测与评估品牌建设效果，及时调整策略

监测与评估品牌建设效果是公共图书馆品牌建设策略中不可或缺的一环。通过对品牌建设效果的定期监测和评估，图书馆可以及时了解品牌建设的成果和不足，为策略调整提供有力依据。在进行品牌建设效果监测时，图书馆需要建立一套完整的评估体系，包括品牌知名度、美誉度、忠诚度等关键指标。通过收集和分析相关数据和信息，图书馆可以全面了解品牌在市场上的表现和影响力。除了定期监测外，图书馆还需要对品牌建设效果进行深入的评估。图书馆可以采用问卷调查、读者反馈、市场分析等多种方法，收集读者和用户对品牌的评价和意见。同时，也可以与其他成功品牌进行对比分析，找出自身的优势和不足。在评估结果的基础上，图书馆需要及时调整品牌建设策略。如果品牌建设效果不佳，图书馆需要分析原因并制定相应的改进措施；如果品牌建设取得了一定成果，图书馆也需要总结经验并继续优化策略，以保持品牌的持续发展和竞争力。为了确保策略调整的有效性，图书馆需要建立一套灵活的反应机制。这包括及时调整团队成员的分工和职责、优化工作流程、加强与其他部门的沟通和

协作等。通过不断优化和调整，图书馆可以确保品牌建设工作的顺利进行并取得更好的成果。实施品牌建设策略是公共图书馆品牌建设过程中的重要环节。通过建立专业的品牌管理团队、开展有效的品牌宣传与推广活动以及持续监测与评估品牌建设效果，图书馆可以逐步提升品牌影响力并建立起与读者之间的紧密联系。同时，图书馆还需要保持敏锐的市场洞察力和创新意识，不断适应市场变化和读者需求的变化，推动品牌建设工作的不断发展和完善。通过这些努力，公共图书馆将在文旅融合的大背景下焕发出新的生机与活力，为社会的文化繁荣和发展做出更大的贡献。

二、品牌传播方式的选择与运用

（一）品牌传播方式的选择与运用

1. 利用报纸、杂志、电视等传统媒体进行品牌宣传

传统媒体在品牌建设过程中具有独特的作用和优势。报纸作为大众传媒的重要组成部分，具有广泛的读者基础和强大的传播力。通过报纸的新闻报道、专访和广告，公共图书馆可以将自己的服务亮点、文化活动和品牌形象传递给读者，增强读者对图书馆的认知和信任。杂志则以其精美的排版、深度的报道和专题策划，可以为图书馆提供展示特色资源和服务的平台。通过杂志的专题报道和广告投放，图书馆可以吸引更多目标读者群体的关注。电视媒体的直观性、生动性和广泛覆盖性，使得图书馆的品牌形象更加深入人心。通过电视广告、新闻报道和纪录片等形式，图书馆可

以向更广泛的受众群体展示其独特魅力和价值。传统媒体的品牌宣传具有稳定性和权威性，能够提升图书馆的品牌形象和知名度。然而，传统媒体也存在传播速度较慢、互动性较差等局限性。因此，公共图书馆在利用传统媒体进行品牌宣传时，需要结合新媒体的优势，形成互补效应，以达到最大化品牌传播效果。

2. 利用社交媒体、网络广告等新媒体扩大品牌影响力

新媒体以其传播速度快、互动性强、受众群体广泛等特点，成为品牌传播的重要渠道。社交媒体平台如微博、微信、抖音等，为图书馆提供了与读者实时互动、发布动态和分享信息的平台。通过精心策划的社交媒体内容，图书馆可以吸引更多粉丝关注，增加品牌曝光度。同时，社交媒体还具有强大的用户黏性，能够激发读者的参与热情，提升品牌忠诚度。网络广告作为一种精准投放的广告形式，可以帮助图书馆快速触达目标受众。通过搜索引擎优化（SEO）、关键词广告、社交媒体广告等手段，图书馆可以提高自己网站的搜索排名和曝光率，吸引更多潜在读者。此外，图书馆还可以利用数据分析工具，分析受众群体的兴趣和需求，为广告策划提供数据支持，实现精准营销。新媒体的品牌传播具有速度快、互动性强和成本相对较低的优势，能够迅速扩大图书馆的品牌影响力。然而，新媒体也存在信息繁杂、注意力分散等挑战。因此，公共图书馆在利用新媒体进行品牌传播时，需要注重内容的质量和创意，以吸引读者的关注和兴趣。

3.融合传统媒体与新媒体，打造多元化传播体系

传统媒体与新媒体各有优势，将两者融合起来可以形成互补效应，打造多元化的传播体系。公共图书馆可以通过在传统媒体上发布新闻报道、开设专栏等形式，增加品牌的曝光度和知名度；同时，在社交媒体平台上积极互动、发布动态，吸引更多粉丝关注。此外，图书馆还可以利用网络广告等手段，提高自己在搜索引擎中的排名和点击率，吸引潜在读者。在融合传统媒体与新媒体的过程中，图书馆需要注重内容的统一性和连贯性，确保品牌信息在不同媒体上的传递一致。同时，图书馆还需要根据受众群体的特点和需求，制定个性化的传播策略，以提高品牌传播的效果。通过融合传统媒体与新媒体，公共图书馆可以打造多元化的传播体系，将品牌形象深入人心。这种多元化的传播体系不仅能够提高品牌的知名度和美誉度，还能够增强品牌的吸引力和凝聚力，为图书馆的长远发展奠定坚实的基础。

（二）线下活动与互动体验的营造

在公共图书馆品牌建设的过程中，线下活动与互动体验的营造占据着举足轻重的地位。这不仅是因为它们能够直接触达读者，提升图书馆的知名度和影响力，更是因为这些活动能够创造独特的体验，增强读者对图书馆的归属感和忠诚度。

1.举办讲座、展览、读者见面会等线下活动

讲座是图书馆传递知识、引导阅读的重要手段。通过邀请知名学者、

作家、艺术家等，就热门话题或专业领域进行深入的分享和讨论，图书馆能够吸引各年龄层次、不同兴趣爱好的读者群体，激发他们对知识的渴望和对阅读的热情。同时，讲座也是图书馆与读者建立直接联系、增强互动的重要途径。展览则是图书馆展示其文化资源和特色的重要方式。无论是珍贵的古籍善本、精美的艺术作品，还是反映地方历史文化特色的展品，都能让读者在欣赏中感受到图书馆的独特魅力。而且，通过策划主题鲜明、内容丰富的展览，图书馆还能吸引更多公众的关注，提升其在社会上的影响力。读者见面会则是图书馆与读者建立情感联系的重要桥梁。通过邀请热门书籍的作者与读者面对面交流，图书馆不仅能够让读者更深入地了解书籍背后的故事和创作过程，还能让读者感受到图书馆对他们的重视和关怀。这样的活动不仅能够增强读者的阅读体验，还能让图书馆的品牌形象更加深入人心。

2. 设计互动体验区，增强读者参与感与归属感

互动体验区是图书馆创新服务模式的重要尝试。通过引入先进的科技手段和设计理念，图书馆能够为读者创造一个充满趣味性和互动性的阅读空间。例如，利用虚拟现实（VR）技术，读者可以身临其境地体验不同文化背景下的阅读场景；通过触摸屏互动装置，读者可以直观地了解图书的详细信息、作者介绍和推荐阅读等；在创意工坊中，读者可以亲手制作属于自己的图书或文创产品等。这些互动体验区不仅能让读者在参与中感受到阅读的乐趣和魅力，还能让他们更加深入地了解图书馆的服务和资源。

通过亲身体验和实际操作，读者能够更加深入地感受到图书馆对他们的关怀和重视，从而增强他们的归属感和忠诚度。同时，互动体验区的设计也需要注重与图书馆整体环境的融合和协调。无论是在色彩搭配、空间布局还是设施配置等方面，都需要体现出图书馆的文化氛围和品牌特色。这样不仅能够提升图书馆的整体形象和品质，还能让读者在舒适、愉悦的环境中享受阅读的快乐。

3. 搭建与读者的沟通平台，收集反馈，持续优化品牌体验

与读者的有效沟通是图书馆品牌建设不可或缺的一环。通过搭建与读者的沟通平台，图书馆能够及时了解读者的需求和反馈，从而有针对性地改进服务质量和提升品牌形象。首先，图书馆可以设置专门的意见箱或建议箱，方便读者随时提出自己的意见和建议。同时，图书馆还可以定期开展问卷调查或读者座谈会等活动，主动收集读者对图书馆服务、资源、环境等方面的反馈和评价。这些反馈和评价不仅能够让图书馆更加清晰地了解读者的需求和期望，还能为图书馆改进服务和提升品牌形象提供宝贵的参考依据。其次，图书馆可以利用现代科技手段搭建线上沟通平台，如建立官方网站、社交媒体账号等，与读者进行实时互动和交流。通过这些平台，图书馆可以发布最新活动信息、推广阅读文化、回应读者关切等，增强与读者的联系和互动。同时，线上沟通平台还能够让图书馆更加及时、全面地了解读者的反馈和需求，从而更加精准地改进服务和提升品牌形象。最后，图书馆需要建立有效的反馈处理机制，对收集到的反馈和建议

进行及时、合理的处理和回应。这不仅能够让读者感受到图书馆对他们的重视和关怀，还能让图书馆更加高效地改进服务和提升品牌形象。同时，图书馆还需要定期对品牌建设成果进行评估和反思，根据评估结果调整策略和方向，确保品牌建设的持续性和有效性。线下活动与互动体验的营造是公共图书馆品牌建设的重要组成部分。通过举办讲座、展览、读者见面会等线下活动，设计互动体验区以及搭建与读者的沟通平台等方式，图书馆不仅能够吸引更多读者、增强与读者的互动和联系，还能持续优化品牌体验、提升品牌形象和影响力。在未来的发展中，图书馆需要不断创新服务模式和提升服务质量，以更加丰富多彩的活动和更加优质的服务体验吸引更多读者、满足读者需求、增强读者归属感和忠诚度。

（三）合作伙伴与跨界联动的拓展

1. 与文化、旅游、教育等领域的企业或机构建立合作关系

公共图书馆品牌的建设，离不开与各类机构的深度合作。通过与文化、旅游、教育等领域的企业或机构建立紧密的合作关系，图书馆不仅能够获取到更丰富的资源，还能够实现服务模式的多元化。例如，与博物馆、艺术团体等文化机构合作，共同策划展览、演出等活动，可以吸引更多文化爱好者走进图书馆；与旅游公司合作，将图书馆纳入旅游线路，让游客在休闲游玩的同时感受到阅读的魅力；与教育部门合作，开展信息素养教育、阅读推广等项目，可以提高学生的阅读能力和综合素质。这些合作不仅能够丰富图书馆的服务内容，还能够提升图书馆的品牌形象，实现

品牌价值的最大化。

2. 开展跨界联动活动，拓宽品牌传播渠道与影响力

跨界联动是公共图书馆品牌建设的重要策略之一。通过与其他行业、领域的企业或机构合作，共同策划举办各类活动，图书馆能够拓宽品牌传播渠道，增强品牌影响力。例如，与商业品牌合作，打造"阅读空间"，提供舒适的阅读环境，吸引更多消费者关注；与科技公司合作，利用先进技术推出数字阅读、虚拟现实等新型服务，满足年轻人的阅读需求；与艺术家、设计师等合作，推出具有创意和特色的文化产品，提升图书馆的艺术品位。这些跨界联动活动不仅能够提升图书馆的服务水平，还能够增强图书馆与公众之间的互动，拉近图书馆与公众之间的距离。

3. 探索与商业品牌的合作模式，实现品牌价值的最大化

在品牌建设的过程中，公共图书馆应积极探索与商业品牌的合作模式，实现品牌价值的最大化。商业品牌通常具有较强的市场影响力和资金实力，与公共图书馆合作可以实现资源共享和优势互补。例如，图书馆可以与商业品牌合作开展公益阅读推广活动，提高阅读在公众中的认知度和影响力；也可以与商业品牌合作开发文化衍生品，如图书周边产品、文创产品等，通过商业渠道进行推广和销售。这种合作模式不仅能够提升图书馆的品牌形象，还能够为商业品牌带来文化内涵和品牌价值的提升。同时，图书馆还可以通过与商业品牌的合作获取更多的资金支持和资源支持，为自身的发展注入新的活力。

三、品牌形象的设计与塑造

品牌形象是公共图书馆吸引读者、增强影响力和竞争力的关键因素。一个清晰、独特、具有吸引力的品牌形象可以帮助图书馆在日益激烈的市场竞争中脱颖而出。设计与塑造品牌形象需要从多个维度入手，其中视觉识别系统作为最直接、最直观的传达方式，显得尤为重要。

（一）视觉识别系统的建立与维护

视觉识别系统是品牌形象设计的核心，它涵盖了图书馆的所有视觉元素，如标志、字体、色彩等。这些元素不仅是图书馆身份的象征，更是传达其理念、文化和服务特色的重要工具。

1.设计具有独特性的标志、字体、色彩等视觉元素

在视觉识别系统的设计中，标志是最为核心的部分。一个好的标志应该简洁明了、易于识别，同时能够体现图书馆的特色和理念。字体和色彩同样重要，它们与标志一同构成了图书馆独特的视觉形象。字体选择应与图书馆的定位和风格相符合，色彩则应体现图书馆的氛围和服务特点。在设计过程中，应注重原创性和独特性，避免与其他品牌产生混淆。

2.制定视觉识别系统的使用规范与管理制度

视觉识别系统一旦建立，就需要制定相应的使用规范与管理制度，以确保其在各种场合和媒介上的统一性和一致性。这些规范应包括标志、字体、色彩的使用条件、尺寸、比例、色彩搭配等细节以及在不同媒介上的

呈现方式。同时，还应建立相应的监管机制，确保所有相关人员都能遵循这些规范，维护品牌形象的稳定性和统一性。

3.通过各类宣传物料与活动，统一展现品牌形象

视觉识别系统不仅要在图书馆的建筑、内部装饰等硬件设施上得到体现，还应通过各种宣传物料和活动来传播和强化品牌形象。这包括图书馆的宣传册、海报、网站、社交媒体等线上线下的宣传材料，以及举办的各类文化活动、讲座、展览等。在这些物料和活动中，应始终保持品牌形象的一致性和连贯性，使读者在任何时候、任何地点都能感受到图书馆独特的品牌魅力。视觉识别系统在公共图书馆品牌形象的设计与塑造中起着至关重要的作用。通过建立具有独特性的视觉元素、制定使用规范与管理制度以及通过各类宣传物料与活动统一展现品牌形象，公共图书馆可以塑造出鲜明、独特的品牌形象，提升其在读者心中的认知度和好感度，进而提高服务质量和竞争力。

（二）品牌口碑与形象的塑造

在公共图书馆品牌建设的道路上，品牌口碑与形象的塑造无疑是至关重要的环节。这不仅仅关乎图书馆的服务质量，更关乎其在读者心中所树立的形象和地位。公共图书馆作为传播知识、文化和信息的重要场所，其品牌形象的设计与塑造不仅要求外在的装饰与布置，更在于内在的服务品质与文化底蕴。

1.提供优质服务，提升读者满意度与忠诚度

要塑造良好的品牌形象，首先要从提升服务质量做起。公共图书馆应当致力于为读者提供全方位、多层次、个性化的服务。这包括但不限于提供丰富的藏书资源、便捷的借阅流程、舒适的阅读环境以及专业的咨询指导。同时，图书馆还应关注读者的反馈与需求，及时调整服务策略，确保每一位走进图书馆的读者都能感受到温暖与关怀。此外，图书馆还应注重服务创新，如开展阅读推广活动、举办讲座和展览等，以吸引更多读者，提升他们的满意度和忠诚度。通过这些措施，公共图书馆不仅能够赢得读者的信赖与支持，更能在读者心中树立起良好的品牌形象。

2.加强与读者的互动与沟通，传递品牌价值与理念

在品牌形象的塑造过程中，与读者的互动与沟通同样不可忽视。公共图书馆应当积极搭建与读者沟通交流的平台，如通过社交媒体、官方网站、读者座谈会等方式，与读者建立紧密的联系。通过这些平台，图书馆可以及时了解读者的需求与建议，从而不断完善服务内容与质量。同时，图书馆还可以通过这些平台宣传自身的品牌价值与理念，如倡导全民阅读、推广文化知识等，以吸引更多志同道合的读者。通过与读者的深入互动与沟通，公共图书馆不仅能够增强品牌影响力，更能在读者心中留下深刻的印象。

3.通过媒体报道、读者评价等渠道，积极塑造正面品牌形象

在当今信息爆炸的时代，媒体报道和读者评价对于塑造品牌形象具有

举足轻重的作用。公共图书馆应当积极与各类媒体建立良好的合作关系，通过新闻报道、专访、节目录制等方式，向公众展示其优质的服务与丰富的文化内涵。同时，图书馆还应鼓励读者在社交媒体上分享自己的阅读体验和对图书馆的评价，以吸引更多潜在读者。此外，图书馆还可以定期举办读者满意度调查活动，收集读者的反馈意见，并据此不断改进服务质量与品牌形象。通过这些措施，公共图书馆不仅能够获得更广泛的知名度和影响力，更能在读者心中树立起正面、积极的品牌形象。

四、品牌建设的挑战与应对策略

（一）应对市场竞争与品牌差异化的挑战

1. 分析竞争对手的品牌策略与市场表现

在公共图书馆品牌建设的征途上，首先需要对竞争对手的品牌策略和市场表现进行深入分析。这要求我们对竞争对手的服务质量、读者满意度、品牌形象、市场推广策略等进行综合评估。通过了解竞争对手的优势和劣势，我们可以更加清晰地认识到自己的市场位置，从而制定出更为精准的品牌建设策略。

2. 挖掘自身品牌特色与优势，打造差异化竞争策略

除了分析竞争对手，图书馆还需要深入挖掘自身的品牌特色与优势。这包括图书馆的历史文化、独特资源、专业服务等。通过将这些特色与优势进行有机整合，图书馆可以形成自己独特的品牌形象，从而在市场中实

现差异化竞争。这种差异化竞争策略有助于图书馆在激烈的市场竞争中脱颖而出，吸引更多读者的关注和认可。

3.持续创新，提升品牌竞争力与市场份额

持续创新是公共图书馆品牌建设过程中的关键。随着时代的进步和技术的发展，图书馆需要不断引入新技术、新服务，以满足读者日益多样化的需求。同时，图书馆还应积极开展各种品牌活动，如读者见面会、主题展览、文化讲座等，以增强与读者的互动，提升品牌影响力。通过持续创新，图书馆可以在市场中保持领先地位，吸引更多读者，实现品牌价值的最大化。这种持续创新的态度和精神也是图书馆在品牌建设过程中不可或缺的一部分。

（二）应对品牌传播渠道变革的挑战

在公共图书馆品牌建设的道路上，品牌传播渠道的变革无疑是一个重要的挑战。随着科技的日新月异和新媒体的崛起，传统的品牌传播方式逐渐失去了其主导地位，取而代之的是更为灵活、多样化的新媒体传播渠道。面对这一变革，公共图书馆需要积极应对，把握机遇，以更好地推动品牌建设。

1.关注新媒体发展趋势，及时调整品牌传播策略

新媒体以其独特的传播优势和广泛的受众基础逐渐成为品牌传播的重要阵地。公共图书馆必须密切关注新媒体的发展趋势，以便及时调整自身的品牌传播策略。首先，公共图书馆需要深入了解各类新媒体平台的特点

和用户群体，以便选择最适合的传播渠道。例如，社交媒体平台，如微博、微信等具有互动性强、传播速度快的特点，适合发布图书馆的最新动态和活动信息；短视频平台，如抖音、快手等则以视觉冲击力强、内容简洁明了为特点，适合展示图书馆的特色藏书和阅读环境。其次，公共图书馆需要充分利用新媒体平台的功能和特点，创新品牌传播方式。例如，可以通过直播形式举办线上讲座、读书分享会等活动，吸引更多用户的关注和参与；可以利用社交媒体平台的互动功能，与读者进行实时交流和反馈，增强品牌的亲和力和影响力。最后，公共图书馆还需要关注新媒体的发展趋势，不断调整和优化品牌传播策略。随着新媒体技术的不断发展和用户需求的不断变化，品牌传播的方式和手段也需要不断更新和升级。因此，公共图书馆需要保持敏锐的市场洞察力和创新意识，不断探索和尝试新的品牌传播方式。

2. 利用大数据与人工智能技术，精准定位目标受众

在品牌传播过程中，精准定位目标受众至关重要。大数据和人工智能技术的应用为这一目标提供了可能。公共图书馆可以通过收集和分析读者的借阅记录、浏览行为等数据，了解读者的阅读偏好和需求，进而精准推送个性化的阅读推荐、活动信息等。例如，对于喜欢历史类书籍的读者，可以推荐相关主题的图书和讲座；对于经常访问图书馆的学生群体，可以推出针对性的学习资源和活动。同时，利用人工智能技术，还可以实现与读者的智能交互。例如，通过智能问答系统回答读者的咨询问题；通过智

能推荐系统为读者推荐符合其兴趣的图书和活动；通过智能分析系统对读者的行为和需求进行深入挖掘和分析，为品牌传播提供更为精准的数据支持。需要注意的是，大数据和人工智能技术的应用需要在保护读者隐私的前提下进行。公共图书馆需要建立健全的数据管理和保护机制，确保读者信息的安全和合规使用。

3. 强化线上线下融合，打造全渠道品牌传播体系

线上线下融合是品牌传播的重要趋势。公共图书馆应当充分利用线上线下资源，打造全渠道的品牌传播体系。在线下方面，可以通过优化图书馆的物理空间布局、提升服务质量等方式，增强读者的现场体验。例如，可以设计独特的阅读空间、举办丰富的文化活动等，吸引读者前来参观和体验。同时，线下活动也可以作为线上传播的重要素材和内容来源，为线上品牌传播提供有力支持。在线上方面，则可以通过建设官方网站、移动应用、社交媒体等渠道，拓宽品牌传播的广度和深度。官方网站和移动应用可以作为图书馆信息发布和服务提供的主要平台；社交媒体则可以作为与读者互动和交流的重要阵地。通过线上渠道的建设和优化，公共图书馆可以扩大品牌的影响力和覆盖面，吸引更多潜在用户的关注和参与。同时，注重线上线下资源的互补和融合也是关键。可以通过线下活动吸引线上关注，如通过举办讲座、展览等活动吸引读者关注和参与，并通过社交媒体等线上平台进行传播和推广；也可以通过线上平台推广线下活动，如通过官方网站和社交媒体发布活动信息、提供在线报名和支付等功能，方

便读者参与和体验。此外，还可以通过线上线下联动的方式打造品牌活动或项目，如线上线下联动的阅读挑战赛、线上线下联动的文化讲座等，以吸引更多用户的关注和参与。在强化线上线下融合的过程中，公共图书馆还需要注重渠道间的协同和整合。不同的传播渠道具有各自的特点和优势，但也存在一定的重叠和交叉。因此，公共图书馆需要综合考虑各渠道的特点和受众需求，制定统一的品牌传播策略和推广计划，实现各渠道间的协同和整合。同时，还需要加强各渠道间的互动和配合，形成线上线下相互促进的良性循环。应对品牌传播渠道变革的挑战是公共图书馆品牌建设过程中的重要任务。通过关注新媒体发展趋势、利用大数据与人工智能技术、强化线上线下融合等策略，公共图书馆可以不断提升品牌传播效果，增强品牌影响力，为推广阅读文化、提升公共服务水平作出更大的贡献。同时，公共图书馆还需要保持敏锐的市场洞察力和创新意识，不断探索和尝试新的品牌传播方式和手段，以适应不断变化的市场环境和用户需求。

（三）应对品牌管理与维护的挑战

公共图书馆在品牌建设的过程中，会面临诸多挑战。这些挑战可能来自内部管理的不足，也可能来自外部环境的变化。为了有效地应对这些挑战，图书馆需要采取一系列切实可行的策略，确保品牌建设的顺利进行。

1.建立完善的品牌管理制度与危机应对机制

品牌管理是一项系统工程，需要建立健全管理制度和危机应对机制。

首先，图书馆应制定详细的品牌战略规划，明确品牌建设的目标、定位和策略。这份规划应该基于图书馆的核心价值和服务特色，同时考虑到目标受众的需求和期望。通过这份规划，图书馆可以确保所有的品牌活动都围绕着核心目标展开，形成统一、连贯的品牌形象。其次，图书馆应建立品牌管理责任制，明确各部门和员工的职责。品牌管理不是单一部门的工作，而是需要全馆上下共同努力。因此，图书馆需要明确各部门在品牌建设中的角色和责任，确保品牌活动能够得到有效执行。同时，图书馆还应建立品牌活动的考核机制，对品牌活动的执行情况进行定期评估，激励员工积极参与品牌建设。在危机应对方面，图书馆应建立快速响应机制，制定危机处理流程。品牌危机往往具有突发性和不可预测性，因此图书馆需要提前做好准备，确保在危机发生时能够迅速作出反应。图书馆应制定详细的危机处理流程，明确危机发生时的应对措施和责任人。同时，图书馆还应加强品牌形象的日常监测，及时发现并处理可能损害品牌形象的行为，确保品牌形象始终健康、正面。此外，图书馆还应建立品牌沟通机制，加强与公众的互动和交流。品牌不仅是图书馆的形象展示，更是与公众建立信任和联系的重要桥梁。因此，图书馆需要积极与公众进行沟通，了解他们的需求和期望，及时回应他们的关切和质疑。通过建立良好的品牌沟通机制，图书馆可以增强公众的认同感和忠诚度，提升品牌的影响力和竞争力。

2. 加强品牌团队建设，提升品牌管理与执行能力

品牌团队是品牌建设的中坚力量，其专业能力和执行效率直接关系到品牌建设的成败。因此，图书馆应重视品牌团队的建设，选拔具备品牌管理知识和实践经验的人才加入团队。同时，加强团队培训和学习，提升团队成员的品牌意识和专业能力。通过定期的内部交流和外部合作，激发团队成员的创新思维，提高品牌活动的创意和执行水平。在品牌团队的建设过程中，图书馆应注重培养团队成员的团队协作精神和创新意识。品牌活动往往涉及多个部门和员工的协作，因此团队成员需要具备良好的沟通和协调能力。同时，品牌活动也需要不断创新和突破，以适应不断变化的市场环境和用户需求。因此，图书馆应鼓励团队成员积极参与培训和学习，不断提升自己的专业素养和创新能力。此外，图书馆还应建立激励机制，鼓励团队成员积极参与品牌建设。品牌建设是一项长期而艰巨的任务，需要团队成员的共同努力和付出。因此，图书馆应制定合理的奖励机制，对在品牌建设中表现突出的员工进行表彰和奖励，激发他们的工作热情和积极性。

3. 定期评估品牌价值与影响力，持续优化品牌建设策略

品牌建设是一个持续的过程，需要不断地进行评估和优化。图书馆应定期对品牌价值和影响力进行评估，了解品牌在公众心目中的形象和地位。通过收集和分析用户反馈、媒体报道、社交媒体数据等信息，全面了解品牌建设的成效和不足。在评估品牌价值与影响力时，图书馆可以采用

多种方法和工具。例如，可以通过问卷调查、用户访谈等方式收集用户对品牌的评价和反馈；可以通过分析媒体报道和社交媒体数据了解品牌在公众中的知名度和影响力；还可以通过与其他机构的合作和交流了解品牌在行业内的地位和影响力。根据评估结果，图书馆应及时调整品牌建设策略，优化品牌活动内容和形式。如果发现在某些方面存在不足或问题，图书馆应及时采取措施进行改进和优化。例如，如果用户对图书馆的服务质量不满意，图书馆可以加强服务质量管理和培训，提升员工的服务意识和能力；如果品牌在社交媒体上的影响力较弱，图书馆可以加强社交媒体营销和推广，提高品牌在社交媒体上的曝光度和互动度。同时，图书馆还应关注行业动态和竞争对手的动向，及时调整品牌建设方向。公共图书馆的品牌建设不仅仅是为了树立形象，更是为了提升服务质量和满足用户需求。因此，图书馆需要密切关注行业动态和竞争对手的动向，了解市场变化和用户需求的变化。根据这些变化，图书馆可以及时调整品牌建设方向和内容，确保品牌始终保持领先地位并满足用户的需求和期望。公共图书馆在品牌建设过程中需要不断完善品牌管理制度与危机应对机制、加强品牌团队建设以及定期评估品牌价值与影响力等方面的工作。通过这些努力，图书馆可以克服品牌建设与维护过程中的挑战，确保品牌建设的顺利进行并推动图书馆的长期发展。

第七章 公共图书馆品牌建设的启示与建议

一、对公共图书馆从业者的启示

（一）强化品牌意识，提升品牌管理能力

强化品牌意识，提升品牌管理能力，是公共图书馆从业者首先需要做的。品牌意识是指图书馆工作人员要深刻认识到品牌建设的重要性，将品牌建设纳入图书馆发展的战略规划中。品牌管理能力是指图书馆工作人员要具备品牌建设的知识和技能，能够有效地进行品牌策划、品牌推广和品牌维护。图书馆从业者需要了解品牌建设的基本原理和方法。这包括品牌定位、品牌核心价值、品牌形象设计、品牌传播等方面。通过对这些知识的学习，图书馆从业者能够更好地把握品牌建设的方向和步骤。图书馆从业者需要提升品牌策划能力。品牌策划是品牌建设的基础工作，包括品牌战略规划、品牌活动策划、品牌形象设计等。图书馆从业者要善于结合图书馆的实际情况，制定出符合图书馆特色和需求的品牌策划方案。图书馆

从业者需要加强品牌推广能力。品牌推广是品牌建设的关键环节，通过各种方式和渠道传播图书馆的品牌信息，提高图书馆的知名度和美誉度。图书馆从业者要善于运用传统的和现代的推广手段，如举办活动、发布新闻、利用社交媒体等，有效地推广图书馆品牌。图书馆从业者需要注重品牌维护能力。品牌维护是品牌建设的长期工作，包括监测品牌形象、处理品牌危机、提升品牌价值等。图书馆从业者要时刻关注图书馆品牌的动态，及时发现和解决问题，保持图书馆品牌的良好形象和价值。图书馆从业者要通过不断学习和实践，提升品牌意识和品牌管理能力，将品牌建设作为图书馆发展的重要手段，从而提升图书馆的核心竞争力，更好地服务社会和公众。

（二）深化文旅融合，创新服务模式

在当今社会，文旅融合已经成为了一种趋势。公共图书馆作为文化服务机构，也应该积极参与到这一潮流中来，深化文旅融合，创新服务模式。公共图书馆应该发挥自身优势，收集整理地方文献，为读者提供更加丰富、全面的阅读资源。同时，还可以开展各种形式的文化活动，如讲座、展览、朗诵等，吸引更多读者关注和参与。除了传统的借阅服务外，公共图书馆还可以开展数字化服务，如数字图书馆、电子书、有声读物等，满足读者多样化的阅读需求。同时，还可以与旅游机构合作，推出特色旅游线路，将阅读与旅游相结合，吸引更多游客前来参观。公共图书馆应该注重品牌形象的塑造和推广，通过各种渠道宣传自己的品牌形象和服务特色，吸引更多的读者关注和参与。同时，还要不断提升服务质量，为读者提供更加优质、便捷的服务体验。深化文旅融合、创新服务模式是公共图书馆品牌建设的重要方向。公共图书馆从业者应该积极探索、勇于创新，不断提升服务质量，为读者提供更加丰富、多元、优质的文化服务。

（三）加强人才培养，提升服务质量

对于公共图书馆品牌建设而言，加强人才培养和提升服务质量是至关重要的。公共图书馆作为社会文化的重要载体，其服务质量和人才队伍的素质直接影响着品牌形象的塑造和传播。因此，公共图书馆从业者应当深刻认识到人才培养和服务质量提升的重要性，并将其作为品牌建设的核心任务来抓。要吸引更多优秀的人才加入到图书馆事业中来，就必须提高从业人员的社会地位和待遇，为他们创造良好的工作环境和发展空间。同时，图书馆还应建立完善的人才培养机制，通过定期的培训、交流和学习，不断提升从业人员的专业素养和服务能力。只有拥有一支高素质、专业化的队伍，才能为读者提供更为精准、高效的服务，从而增强品牌的吸引力和影响力。服务质量是品牌建设的关键所在，也是衡量一个图书馆综合实力的重要标准。因此，图书馆应当从读者的角度出发，不断优化服务流程，提高服务效率，创新服务模式。例如，可以通过开展读者调查，了解读者的阅读需求和阅读习惯，从而为他们推荐更为合适的图书资源；可以通过开展阅读推广活动，激发读者的阅读兴趣，提高他们的阅读素养；还可以通过建立读者反馈机制，及时收集读者的意见和建议，不断改进服务质量。只有真正站在读者的角度，为他们提供贴心、周到的服务，才能赢得读者的信任和支持，从而提升品牌的知名度和美誉度。此外，公共图书馆还应当注重与其他文化机构的合作与联动。通过与其他文化机构的合作，可以共享资源、互利共赢，为读者提供更加丰富多彩的文化体验。例如，可以与当地的高校、博物馆、美术馆等机构建立合作关系，共同开展文化展览、讲座、研讨会等活动，吸引更多的读者参与其中。这种跨界的合作模式不仅可以拓宽图书馆的服务领域，还能够增强品牌的传播力和影响力。同时，公共图书馆还应当充分利用现代科技手段，提升服务质量和效率。随着信息技术的快速发展，图书馆应当积极引入先进的技术和设备，如自助借还系统、电子图书资源、移动阅读平台等，为读者提供更加便捷、高效的服务。通过科技手段的应用，不仅可以提高服务质量和效率，还能够增强品牌的科技感和现代感，吸引更多年轻读者的关注和喜爱。加强人才培养和提升服务质量是公共图书馆品牌建设的关键所在。公共图书馆从业者应当深刻认识到这一点，并采取切实有效的措施加以落实。通过选拔和培养优秀的人才、提升服务质量和效率、加强与其他文化机构的合作与联动以及充分利用现代科技等手段，不断提升品牌的吸引力和影响力，为构建社会主义文化强国贡献自己的力量。只有这样，公共图书馆才能在激烈的市场竞争中脱颖而出，成为社会文化事业的重要组成部分，为广大读者提供更加优质、高效的服务。

二、对文化旅游从业者的启示

（一）挖掘文化内涵，提升旅游品质

对于文化旅游从业者而言，是一个至关重要的启示。在公共图书馆品牌建设的背景下，这一理念不仅为图书馆带来了全新的发展视角，也为文化旅游行业提供了宝贵的借鉴。公共图书馆作为城市文化的重要组成部分，其品牌建设不仅是提升服务质量和效率的需要，更是传播城市文化、塑造城市形象的重要途径。而对于文化旅游从业者来说，挖掘文化内涵、提升旅游品质，则意味着在开发旅游资源、设计旅游产品时，要更加注重对当地文化的深入了解和挖掘，将文化元素有机融入旅游产品和服务中，使游客在欣赏自然风光的同时，也能深刻感受到当地的文化魅力。在挖掘文化内涵方面，文化旅游从业者可以通过对当地历史、民俗、艺术等资源的深入研究和整理，提炼出独特的文化符号和故事线，将这些元素融入旅游景区的规划、旅游线路的设计以及旅游产品的开发中。例如，可以通过建设主题文化公园、举办文化节庆活动、推出文化主题旅游产品等方式，让游客在参与旅游活动的过程中，能够亲身感受和体验当地的文化特色和历史底蕴。同时，提升旅游品质也是文化旅游从业者不可忽视的重要任务。品质的提升包括服务质量的提升、旅游环境的改善以及旅游产品的创新等多个方面。在服务质量上，从业者应不断提升导游、景区工作人员的专业素养和服务意识，为游客提供热情、周到、专业的服务。在旅游环境

方面，应加强对旅游景区的环境保护和基础设施建设，为游客创造一个安全、舒适、便捷的旅游环境。在旅游产品创新上，应根据市场需求和游客偏好，不断推出新颖、独特、具有吸引力的旅游产品，满足游客多样化的旅游需求。在公共图书馆品牌建设的启示下，文化旅游从业者还应注重品牌建设的重要性。品牌建设不仅是提升市场竞争力的关键，也是塑造良好企业形象、增强游客忠诚度的有效手段。在品牌建设过程中，文化旅游从业者应明确品牌定位、塑造独特的品牌形象、加强品牌传播和营销、完善品牌管理体系等工作。通过品牌建设，将文化内涵和品质提升的理念贯穿于整个旅游服务过程中，形成独特的品牌优势和核心竞争力。此外，公共图书馆品牌建设的成功经验也值得文化旅游从业者借鉴。例如，公共图书馆在品牌建设过程中注重用户体验、强化互动交流、利用新媒体进行宣传推广等方面的做法，可以为文化旅游从业者提供有益的启示。文化旅游从业者可以通过借鉴这些做法，加强与游客的互动交流、提升游客的参与感和满意度、扩大品牌的知名度和影响力。挖掘文化内涵、提升旅游品质对于文化旅游从业者而言具有重要的启示意义。在公共图书馆品牌建设的背景下，文化旅游从业者应更加注重对当地文化的深入挖掘和传承发展，将文化元素有机融入旅游产品和服务中，不断提升旅游品质和服务质量，以满足游客日益增长的文化旅游需求。同时，还应注重品牌建设的重要性，通过品牌建设塑造独特的企业形象和核心竞争力，推动文化旅游产业的持续健康发展。

（二）加强与图书馆的合作，实现共赢发展

文化旅游与图书馆服务有着天然的契合点，两者均致力于知识的传播、文化的传承和公众精神生活的丰富。公共图书馆作为城市文化的重要标志，不仅拥有海量的图书资源，还具备专业的服务团队和先进的技术设备，是文化旅游从业者不可忽视的合作伙伴。通过与图书馆的深度合作，文化旅游从业者可以拓宽自身的文化视野，获取更多关于地方文化、历史传承、艺术发展等方面的信息资源。图书馆的品牌建设经验，如活动策划、读者服务、宣传推广等，可以为文化旅游项目提供有益的参考和借鉴。例如，图书馆经常举办的各种主题展览、讲座、读书会等活动，不仅吸引了大量读者参与，也提升了图书馆的品牌影响力。文化旅游从业者可以借鉴这些成功经验，策划具有地方特色的文化旅游活动，吸引游客参与，提升文化旅游的品质和吸引力。同时，公共图书馆的品牌建设也强调了服务的专业性和人性化。文化旅游从业者应当学习图书馆的服务理念，注重游客的体验和需求，提供个性化的旅游服务。通过深入了解游客的兴趣爱好、文化背景等信息，文化旅游从业者可以为游客量身定制旅游线路和产品，满足他们多样化的文化需求。此外，文化旅游从业者还应关注游客的反馈和建议，不断改进服务质量，提升游客满意度。在合作过程中，文化旅游从业者还可以与图书馆共同开发文化旅游产品。例如，结合图书馆的图书资源和地方文化资源，设计具有独特文化内涵的旅游纪念品、文化创意产品等。这些产品既能够丰富旅游市场的产品线，也能够传播地方文化，提升文化旅游的附加值。此外，公共图书馆品牌建设的成功经验还表明，持续的创新和与时俱进是保持品牌活力的关键。文化旅游从业者应当关注市场动态和游客需求的变化，不断调整和创新产品和服务。通过引入新技术、新理念和新模式，文化旅游从业者可以打造更具吸引力和竞争力的文化旅游项目，满足游客不断升级的文化旅游需求。在合作过程中，文化旅游从业者还应注重与图书馆的资源共享和互利共赢。通过共建共享文化资源、互相宣传推广等方式，双方可以扩大各自的影响力，实现共同发展。这种合作模式不仅有助于提升文化旅游的品质和效益，也有助于推动地方文化的传承和发展。公共图书馆品牌建设对文化旅游从业者具有重要的启示和建议。通过与图书馆的深度合作，文化旅游从业者可以拓宽视野、提升服务质量、开发创新产品，实现共赢发展。在未来的发展中，文化旅游从业者应当充分利用图书馆的品牌建设经验，不断探索和实践新的合作模式，为游客提供更加优质、多样化的文化旅游体验。

三、对相关研究者的建议

（一）深入研究公共图书馆文旅融合品牌建设的理论与实践

深入研究公共图书馆文旅融合品牌建设的理论与实践，研究者应当全面分析公共图书馆在文旅融合发展中的地位和作用，探讨如何利用自身优势，发挥文旅融合的品牌效应。同时，要全面梳理公共图书馆文旅融合品牌建设的现状和问题，通过调查和分析实践案例，总结成功经验和存在的问题，为后续研究提供参考。此外，研究者还需借鉴国内外公共图书馆文旅融合品牌建设的成功案例和经验，分析其品牌定位、营销策略、服务创新等方面的经验，为我国公共图书馆文旅融合品牌建设提供借鉴。同时，结合公共图书馆的实际情况，提出具有针对性和可操作性的品牌建设思路和方法，包括品牌定位、资源整合、服务创新、营销推广等方面的建议。此外，研究者还应关注公共图书馆文旅融合品牌建设的可持续性发展，研究可持续发展路径，包括资源共享、合作共赢、人才培养等方面的建议，为公共图书馆的长远发展提供支持。相关研究者应该深入了解公共图书馆文旅融合品牌建设的现状和问题，借鉴成功案例和经验，提出具有创新性和可操作性的思路和方法，为公共图书馆的品牌建设提供有力的支持和指导，同时关注其社会责任和使命，为推动文化旅游事业的繁荣和发展做出积极贡献。

（二）加强跨学科合作，拓展研究领域

公共图书馆作为重要的文化服务机构，其品牌建设不仅关乎自身的形象和发展，也影响着整个文化事业的发展。在品牌建设过程中，我们需要加强跨学科合作，拓展研究领域，从多个角度来提升图书馆的品牌价值和影响力。首先，跨学科合作是品牌建设的重要途径。公共图书馆品牌建设涉及的学科领域非常广泛，包括图书馆学、情报学、管理学、营销学、心理学、社会学等。通过跨学科的合作，我们可以从不同的角度来研究和提升图书馆的品牌价值和影响力。例如，在品牌战略制定方面，可以借鉴市场营销的理论和方法，从用户需求、品牌定位、传播渠道等方面进行深入的研究和分析。在品牌形象设计方面，可以结合视觉传达、艺术设计等学科的知识，打造符合图书馆品牌定位和形象的视觉形象系统。其次，拓展研究领域是品牌建设的必要条件。随着社会的发展和技术的进步，公共图书馆面临着越来越多的挑战和机遇。我们需要不断拓展研究领域，以适应时代的变化和发展。例如，数字化、网络化、智能化等技术给图书馆带来了新的机遇和挑战，我们需要深入研究这些技术对图书馆的影响和作用，以便更好地应对未来的发展。同时，人们需求具有多元化和个性化的特点，公共图书馆需要深入研究用户需求，为用户提供更加多元化和个性化的服务。对于相关研究者来说，加强跨学科合作和拓展研究领域是非常重要的。首先，我们需要加强与其他学科领域的交流和合作，建立良好的合作关系和学术氛围。其次，我们需要不断拓展研究领域，关注图书馆发展的新趋势和新问题，积极探索新的研究方向和研究方法。最后，我们需要注重研究成果的转化和应用，将研究成果转化为实际的应用和解决方案，为公共图书馆的品牌建设提供有力的支持和帮助。对此，要加强与其他学科领域的交流和合作，包括图书馆学界、情报学界、管理学界、营销学界、艺术设计界等。可以通过参加学术会议、开展合作研究、共同举办学术活动等方式来加强交流和合作。

关注图书馆发展的新趋势和新问题，例如数字化、网络化、智能化等技术对图书馆的影响和作用以及用户需求的变化和多元化趋势等。积极探索新的研究方向和研究方法，例如大数据分析、人工智能技术、社交媒体营销等新兴技术和方法在图书馆品牌建设中的应用。注重研究成果的转化和应用，可以将研究成果转化为实际的应用方案和产品，为公共图书馆的品牌建设提供有力的支持和帮助。同时，也可以通过学术期刊、学术会议等方式来推广研究成果，促进学术交流和合作。加强跨学科合作和拓展研究领域是公共图书馆品牌建设的必经之路，也是相关研究者的重要任务。我们需要不断探索新的研究方向和方法，为公共图书馆的品牌建设提供有力的支持和帮助。

四、公共图书馆品牌建设的未来展望

（一）数字化与智能化趋势下的品牌建设

在数字化与智能化日益深入的社会背景下，公共图书馆品牌建设的未来展望呈现出一种前所未有的机遇与挑战并存的新格局。随着技术的飞速发展，图书馆不再局限于传统的物理空间，而是向数字化、网络化、智能化的方向迈进，品牌建设也需紧跟这一时代潮流，寻求创新与突破。首先，品牌建设应强调数字化服务能力的提升。图书馆应充分利用大数据、云计算、人工智能等先进技术，优化服务流程，提升用户体验。例如，通过智能推荐系统，根据用户的阅读历史和兴趣偏好，推送个性化的图书信息；通过在线咨询服务，实时解答用户疑问，提供便捷的知识服务。这些数字化服务不仅能够满足用户日益增长的信息需求，还能够提升图书馆的品牌形象和影响力。其次，品牌建设应关注智能化服务的创新。在智能化趋势下，图书馆应积极探索智能化服务的新模式，如无人值守的自助借还系统、智能机器人导览、虚拟现实（VR）阅读体验等。这些智能化服务不仅能够提升图书馆的运营效率，还能够为用户带来更加新颖、有趣的阅读体验，从而增强用户对图书馆品牌的认同感和归属感。再次，品牌建设应注重线上线下融合发展。在数字化与智能化背景下，图书馆的品牌建设不应仅局限于线上或线下，而应实现线上线下的深度融合。线上方面，图书馆应充分利用社交媒体、移动应用等平台，拓展品牌传播的渠道和范围；线下方面，图书馆应注重实体空间的优化升级，营造舒适、便捷的阅读环境。通过线上线下的融合发展，图书馆能够为用户提供更加全面、立体的服务体验，进一步巩固和提升品牌形象。此外，品牌建设还需关注用户体验和参与度。在数字化与智能化时代，用户的需求和期望也在不断变化。图书馆应紧密关注用户反馈和需求变化，不断优化服务内容和方式，提升用户体验。同时，图书馆还应积极举办各类文化活动、讲座、展览等，吸引用户参与，增强用户与图书馆品牌的互动和联系。通过这些措施，图书馆能够增强用户的忠诚度和满意度，为品牌建设提供有力支持。最后，品牌建设应重视跨界合作与资源共享。在数字化与智能化背景下，图书馆的品牌建设不应局限于自身领域，而应积极寻求与其他领域、机构的跨界合作与资源共享。例如，与高校、科研机构合作开展科研支持服务；与文化机构合作举办文化活动；与企业合作开发商业智能产品等。这些跨界合作与资源共享不仅能够拓展图书馆的服务领域和影响力，还能够为品牌建设注入新的活力和动力。在数字化与智能化趋势下，公共图书馆品牌建设面临着前所未有的机遇与挑战。图书馆应紧跟时代潮流，充分利用先进技术和服务模式创新，提升数字化与智能化服务能力；注重线上线下融合发展，为用户提供全面、立体的服务体验；关注用户体验和参与度，增强用户忠诚度和满意度；重视跨界合作与资源共享，拓展服务领域和影响力。通过这些措施的实施，图书馆能够在数字化与智能化时代中不断提升品牌形象和影响力，为社会的文化发展和知识传播做出更大的贡献。

（二）多元化与个性化需求下的品牌建设

在多元化与个性化需求日益凸显的当下，公共图书馆品牌建设正面临着前所未有的挑战与机遇。传统图书馆服务模式往往注重资源的提供和借阅服务，而在新的时代背景下，品牌建设则更多地关注读者体验、文化创新和服务创新。公共图书馆应顺应时代潮流，以读者为中心，通过精细化管理和创新服务，打造独具特色的图书馆品牌。多元化需求要求图书馆在品牌建设过程中，要充分考虑不同年龄、性别、职业和文化背景读者的阅读需求。例如，针对儿童读者，可以打造富有童趣、寓教于乐的阅读空间；对于青少年，可以提供多元化的学习资源和互动交流平台；对于老年人，可以开设养生阅读角和读书会等活动。同时，图书馆还应关注特殊群体的需求，如视障读者、听障读者等，提供无障碍阅读服务和专门的辅助设备，确保每个人都能享受到阅读的乐趣。个性化需求则强调图书馆在品牌建设过程中，要注重读者的个体差异和独特需求。图书馆可以通过建立读者信息数据库，分析读者的阅读习惯、兴趣爱好和借阅记录，为读者提供个性化的图书推荐、定制化的阅读计划和精准化的信息服务。此外，图书馆还可以利用现代科技手段，如大数据分析、人工智能等，开发智能化服务系统，为读者提供更加便捷、高效和个性化的服务体验。在多元化与个性化需求下，公共图书馆品牌建设还应注重文化创新和服务创新。文化创新是图书馆品牌建设的核心，通过举办文化讲座、展览、演出等丰富多彩的文化活动，吸引读者参与，增强图书馆的吸引力和影响力。服务创新则是图书馆品牌建设的重要手段，图书馆可以通过开展线上服务、移动阅读、24 小时自助服务等方式，拓展服务领域，提升服务效率和质量。同时，公共图书馆品牌建设还需要关注与社会的互动与合作。图书馆应积极寻求与社区、学校、企业等机构的合作，共同开展阅读推广活动，提高全社会的阅读水平和文化素养。此外，图书馆还应加强与媒体、网络平台的合作，利用新媒体的力量，扩大图书馆品牌的影响力，吸引更多读者走进图书馆。公共图书馆品牌建设应更加注重可持续性和长远发展。图书馆应关注环境保护、节能减排等方面的问题，积极推广绿色阅读理念，建设环保型图书馆。同时，图书馆还应注重自身造血功能的提升，通过开发文创产品、举办文化活动等方式，增加收入来源，为品牌的可持续发展提供有力保障。多元化与个性化需求下的公共图书馆品牌建设是一项系统工程，需要图书馆从多个方面入手，不断提升服务质量、创新服务方式、拓展服务领域，打造独具特色的图书馆品牌。只有这样，图书馆才能在激烈的市场竞争中立于不败之地，为全社会提供更加优质、高效的阅读服务。

（三）国际化发展趋势下的品牌建设

在全球化日益加剧的当下，公共图书馆品牌建设已经不仅仅局限于某一地区或某一文化圈层，而是需要放眼世界，积极参与到国际文化交流的大潮中。国际化发展趋势下的公共图书馆品牌建设，需要把握以下几个关键要素，以推动图书馆的国际化进程，提升其在全球范围内的影响力。公共图书馆应明确自身的定位与特色，这是品牌建设的基础。每个图书馆都有其独特的历史背景、馆藏资源和服务特色，这些是构成品牌个性的核心要素。在国际化背景下，图书馆需要更加凸显自身的特色，形成独特的品牌形象，以便在全球文化市场中脱颖而出。例如，一些图书馆以古籍收藏丰富而著称，有的则以现代科技应用和创新服务为特色，这些都可以成为品牌建设的有力支撑。国际化发展要求公共图书馆具备跨文化交流的能力。图书馆不仅是知识的殿堂，也是文化交流的重要平台。因此，图书馆在品牌建设过程中，应注重培养国际化视野，提升跨文化交流的能力。这包括引进外籍图书、举办国际书展、开展国际文化交流活动等，以吸引不同文化背景的用户，增强图书馆的国际化色彩。技术创新是国际化背景下公共图书馆品牌建设的关键。随着信息技术的快速发展，图书馆需要不断创新服务模式，提供更加便捷、高效、个性化的服务。例如，通过建设数字化图书馆、开展远程服务、利用大数据分析用户需求等，可以提升图书馆的服务水平，增强用户的黏性和满意度。这些创新举措也是品牌建设的重要组成部分，有助于提升图书馆在全球范围内的竞争力。国际化发展趋势下的公共图书馆品牌建设，需要注重合作与共享。在全球化的背景下，图书馆之间的合作与共享显得尤为重要。通过加入国际图书馆联盟、参与国际图书馆合作项目、开展跨国图书馆互访等，可以加强图书馆之间的交流与合作，共同推动图书馆事业的发展。这种合作模式不仅有助于提升图书馆的国际化水平，还可以促进文化多样性和国际理解，为构建人类命运共同体贡献力量。公共图书馆在品牌建设过程中，还应关注可持续发展和社会责任。在追求经济效益的同时，图书馆应更加注重社会效益，积极履行社会责任，推动社会公平与正义。例如，通过为弱势群体提供免费或优惠服务、开展公益阅读推广活动、参与社区文化建设等，可以体现图书馆的社会担当，提升其在公众心目中的形象与地位。这种品牌建设策略不仅有助于图书馆的长期发展，还可以增强社会对图书馆的认同感和支持度。国际化发展趋势下的公共图书馆品牌建设是一个复杂而系统的工程，需要图书馆从多个方面进行综合考量。通过明确自身定位与特色、提升跨文化交流能力、加强技术创新与合作共享、关注可持续发展和社会责任等举措，可以推动图书馆的国际化进程，提升其在全球范围内的影响力。未来，随着全球文化交流的不断深入和科技创新的不断发展，公共图书馆品牌建设将迎来更加广阔的发展空间和无限的可能性。

第八章 公共图书馆服务质量的提升

一、服务质量的重要性与意义

（一）服务质量对公共图书馆核心价值的影响

1. 服务质量是图书馆核心竞争力的体现

图书馆作为社会文化和知识的重要载体，其核心竞争力在于能够为读者提供高质量、专业化的服务。服务质量是图书馆核心竞争力的重要体现，它直接决定了图书馆在读者心中的地位和影响力。一个能够提供优质服务的图书馆，能够在激烈的市场竞争中脱颖而出，吸引更多的读者，进而实现自身的可持续发展。在信息化、数字化的时代背景下，图书馆面临着来自各种信息渠道和阅读方式的挑战。然而，正是服务质量这一核心竞争力，使得图书馆能够保持其独特的价值和地位。图书馆通过提供高效、便捷、个性化的服务，满足读者的多元化需求，建立起与读者之间的信任和依赖关系。这种信任和依赖是图书馆最宝贵的财富，也是其能够在激烈竞争中保持领先地位的关键。因此，图书馆应该不断提升服务质量，以强化其核心竞争力。通过创新服务方式、提高服务水平、关注读者需求等方式，图书馆可以为读者提供更加优质、高效的服务体验，从而吸引更多的读者，实现自身的可持续发展。

2. 优质服务有助于提升图书馆的社会声誉和影响力

图书馆作为社会文化的重要载体，其社会声誉和影响力对于推动社会文化的发展和进步具有重要意义。而优质服务则是提升图书馆社会声誉和影响力的关键途径之一。首先，优质服务能够树立图书馆的良好形象。一个以读者为中心、致力于提供优质服务的图书馆，会在读者中形成良好的口碑，树立起良好的形象。这种形象不仅能够吸引更多的读者来使用图书馆，还能够提升图书馆在社会上的地位和影响力。其次，优质服务能够促进图书馆与社会的互动合作。一个提供优质服务的图书馆，会吸引更多的合作伙伴和资源，形成一个良性的循环。这些合作伙伴和资源不仅能够为图书馆提供更多的发展机会和资源支持，还能够推动图书馆与社会的深度互动和合作，共同推动社会文化的发展和进步。因此，图书馆应该注重提升服务质量，以优质服务为手段，提升自身的社会声誉和影响力。通过不断优化服务流程、提高服务水平、关注读者需求等方式，图书馆可以为读者提供更加优质、高效的服务体验，树立起良好的形象，吸引更多的读者和合作伙伴，共同推动社会文化的发展和进步。

（二）服务质量对读者满意度和忠诚度的影响

1.满意的服务是吸引和留住读者的关键

公共图书馆作为社会公共文化服务体系的重要组成部分，其服务质量的高低直接关系到读者的满意度和忠诚度。在现代社会，随着信息技术的快速发展和阅读方式的多元化，读者对图书馆服务的需求也在不断变化和提升。因此，提供满意的服务成为图书馆吸引和留住读者的关键。满意的服务首先体现在图书馆的服务态度上。图书馆员应该具备良好的职业素养和服务意识，以热情、耐心、细致的态度对待每一位读者。无论是面对读者的咨询、借阅还是其他需求，图书馆员都应该迅速响应，积极解决，让读者感受到图书馆的专业和高效。其次，满意的服务还体现在图书馆的服务内容上。图书馆应该根据读者的需求和阅读习惯，提供丰富多样的图书资源和信息服务。同时，图书馆还应该不断创新服务方式，如开展读者活动、提供个性化推荐等，以满足读者的多元化需求。此外，满意的服务还需要图书馆在硬件设施上做出努力。图书馆应该为读者提供舒适、安静的阅读环境，同时加强设施的维护和更新，确保读者在使用过程中能够感受到便捷和舒适。当图书馆能够提供满意的服务时，读者的满意度自然会提升。满意的读者会更加频繁地使用图书馆的资源和服务，成为图书馆的忠实用户。同时，他们还会通过口碑传播等方式向周围的人推荐图书馆，帮助图书馆吸引更多的潜在读者。因此，满意的服务是图书馆吸引和留住读者的关键。

2.高质量服务能够促进读者对图书馆的信任和依赖

信任与依赖是构建稳定读者群体的基石，而高质量的服务则是促进这种信任和依赖的关键。在公共图书馆中，高质量的服务不仅意味着准确无误的信息提供、高效便捷的借阅流程，更包括深入人心的关怀与尊重。当读者在图书馆中感受到被尊重、被关心时，他们会对图书馆产生信任感。这种信任感是基于图书馆对读者需求的深入了解和精准把握以及图书馆对读者个体差异的尊重和包容。图书馆通过提供个性化的服务、关注读者的阅读体验、及时回应读者的反馈和建议等方式，让读者感受到图书馆的专业和用心，从而建立起对图书馆的信任。随着信任的加深，读者对图书馆的依赖也会逐渐增强。他们会习惯性地选择图书馆作为获取知识和信息的首选渠道，将图书馆视为学习、研究、休闲的重要场所。这种依赖不仅体现在对图书馆资源的利用上，更体现在对图书馆服务的依赖上。读者会依赖图书馆的专业知识和信息服务来解决学习和生活中的问题，依赖图书馆的阅读推广活动来丰富自己的精神生活。高质量的服务还能够激发读者的参与感和归属感。当读者感受到图书馆对他们的重视和关心时，他们会更加愿意参与到图书馆的各项活动中来，与图书馆共同成长。他们会积极推荐图书馆给周围的人，为图书馆的发展出谋划策，甚至成为图书馆的志愿者，为图书馆的各项服务贡献自己的力量。因此，高质量的服务不仅能够促进读者对图书馆的信任和依赖，还能够激发读者的参与感和归属感，从而构建起一个稳定、忠诚的读者群体。这对于公共图书馆来说至关重要，因为稳定的读者群体是图书馆持续发展的基础。只有拥有了一批忠诚的读者，图书馆才能够在日益激烈的竞争中保持领先地位，实现可持续发展。服务质量对公共图书馆的读者满意度和忠诚度具有深远的影响。满意的服务能够吸引和留住读者，而高质量的服务则能够促进读者对图书馆的信任和依赖。因此，公共图书馆应该不断提升服务质量，以满足读者的多元化需求，增强读者的满意度和忠诚度，为构建和谐社会贡献自己的力量。

（三）服务质量对图书馆可持续发展的作用

服务质量在图书馆的可持续发展中扮演着至关重要的角色。它不仅关系到图书馆当下的运营状况，更是其未来发展方向和竞争力的体现。在知识信息日益丰富的今天，图书馆的服务质量直接决定了用户对其的认可度和依赖度，从而影响着图书馆的可持续发展。

1. 优质服务是图书馆持续发展的基石

一个图书馆要想在竞争激烈的信息时代中立足，优质服务是其不可或缺的基石。优质服务不仅包括图书馆员的专业素养、服务态度，还包括图书馆提供的资源质量、环境设施以及信息技术的应用等多个方面。只有当图书馆能够为用户提供高效、便捷、个性化的服务时，才能吸引更多的用户，进而促进图书馆的持续发展。优质服务能够提升用户的满意度和忠诚度。当用户感受到图书馆的专业和热情时，他们会更愿意频繁地利用图书馆的资源和服务，成为图书馆的忠实用户。这些忠实用户不仅会为图书馆带来稳定的流量和活跃度，还会通过口碑传播吸引更多的新用户，进一步扩大图书馆的影响力。优质服务有助于图书馆塑造良好的品牌形象。在现代社会，品牌形象已经成为一个组织或机构成功与否的重要标志。图书馆通过提供优质服务，能够树立起专业、可靠、贴心的品牌形象，赢得公众的信任和尊重。这样的品牌形象不仅能够吸引更多的用户，还能够为图书馆带来更多的合作机会和资源支持，推动其向更高层次发展。

2. 通过不断提升服务质量，图书馆能够实现可持续发展

服务质量是图书馆可持续发展的关键所在。随着社会的不断进步和技术的飞速发展，用户对图书馆服务的需求和期望也在不断提高。如果图书馆不能跟上时代的步伐，不断提升服务质量，就难以满足用户的需求，甚至可能被时代所淘汰。

通过不断提升服务质量，图书馆能够紧跟用户的需求变化。图书馆需要密切关注用户反馈和需求变化，及时调整服务策略和内容，以满足用户的多样化需求。例如，图书馆可以通过引入新技术、优化信息检索系统、开展用户培训等方式，提升服务效率和质量，为用户提供更加便捷、高效的知识信息服务。通过不断提升服务质量，图书馆能够拓展服务领域和影响力。图书馆不应局限于传统的借阅服务，而应积极探索新的服务模式和领域，如数字阅读、知识咨询、文化活动等。通过不断拓展服务领域和影响力，图书馆能够吸引更多的用户群体，增强其在社会中的影响力和地位。通过不断提升服务质量，图书馆能够与其他机构形成合作共赢的局面。图书馆可以通过与高校、科研机构、企业等机构合作，共同开展知识

创新、文化传播等活动，实现资源共享和优势互补。这种合作共赢的局面不仅能够提升图书馆的服务质量和影响力，还能够为图书馆的可持续发展注入新的动力和活力。服务质量对图书馆的可持续发展具有重要的作用。优质服务是图书馆持续发展的基石，通过不断提升服务质量，图书馆能够满足用户的需求变化、拓展服务领域和影响力、形成合作共赢的局面。因此，图书馆应高度重视服务质量的提升工作，不断完善服务策略和内容，为用户提供更加优质、高效的知识信息服务，推动图书馆的可持续发展。

二、公共图书馆服务质量的提升途径与方法

（一）加强员工培训，提升服务意识和技能

1.定期组织服务理念和技能培训

为了确保图书馆员工能够持续提供高质量的服务，定期组织服务理念和技能培训是至关重要的。这不仅包括对新员工的入职培训，还涵盖了在职员工的定期更新和提升培训。通过培训课程，员工可以学习到最新的服务理念，掌握更高效的服务技巧。例如，图书馆可以邀请专业的培训师或行业专家来举办讲座，分享他们在服务领域的经验和见解。同时，图书馆也可以组织内部培训，让员工分享自己的服务心得和成功案例，以激发其他员工的积极性和创造力。此外，图书馆还可以建立在线学习平台，为员工提供自主学习和持续发展的机会。通过这些培训活动，员工可以不断提升自己的服务意识和技能，为读者提供更加优质、个性化的服务。

2.建立有效的激励机制，鼓励员工创新服务方式

除了培训之外，建立有效的激励机制也是提升员工服务意识和技能的重要手段。图书馆可以设立奖励制度，对在服务中表现突出的员工进行表彰和奖励。这不仅可以激发员工的工作热情，还能促进员工之间的良性竞争。同时，图书馆还可以建立员工建议收集渠道，鼓励员工提出创新性的服务建议。对于提出有益建议并付诸实践的员工，图书馆可以给予额外的奖励和表彰。这种机制不仅可以让员工感受到自己的价值和影响力，还能推动图书馆服务模式的不断创新和完善。此外，图书馆还可以定期组织员工座谈会或团队建设活动，加强员工之间的沟通和合作，共同为提升图书馆服务质量而努力。通过这些激励机制的建立和实施，图书馆可以激发员工的创造力和积极性，推动服务质量的不断提升。

（二）优化服务流程，提高服务效率

1.简化借阅流程，缩短读者等待时间

借阅流程是图书馆服务中最直接、最频繁的交互环节，因此其优化对于提升整体服务质量至关重要。传统的借阅流程往往涉及多个步骤，如填写借阅单、等待审核、取书等，这不仅增加了读者的时间成本，也容易导致借阅高峰期的拥堵。为了改善这一状况，图书馆应当采取一系列措施简化借阅流程。例如，通过推行一卡通系统，读者可以凭借一张卡完成借阅、归还、查询等多项操作，无需重复填写信息。此外，图书馆还可以引入自助借还书设备，使读者能够随时随地进行自助操作，进一步缩短等待

时间。同时，优化借阅流程还需要关注服务人员的培训和管理，确保他们能够快速、准确地处理读者的借阅请求，提供高效的服务。

2.引入智能化管理系统，提高服务自动化水平

随着科技的发展，智能化管理系统在图书馆中的应用逐渐普及。这些系统能够通过自动化、智能化的手段，优化图书馆的各项管理工作，从而提高服务效率和质量。例如，RFID技术的应用可以实现图书的自动盘点和定位，减少人工操作的错误和烦琐。智能推荐系统则能够根据读者的借阅历史和偏好，为他们推荐合适的图书，提高借阅的满意度。此外，智能化管理系统还可以帮助图书馆实现数据的分析和挖掘，为决策提供科学依据。通过引入这些系统，图书馆不仅能够提升服务效率，还能够为读者提供更加个性化、精准的服务。简化借阅流程和引入智能化管理系统是公共图书馆提升服务质量和效率的有效途径。通过这些措施的实施，图书馆能够更好地满足读者的需求，提高他们的借阅体验，同时实现资源的优化配置和管理的现代化。在未来的发展中，图书馆应当继续关注科技的发展趋势，不断创新服务模式，为公众提供更加高效、便捷的文化服务。

（三）创新服务模式，满足多元化需求

1.提供多元化、个性化的服务项目

为了满足不同读者的多元化需求，公共图书馆应当打破传统的服务模式，提供更加丰富多样的服务项目。首先，图书馆可以开展主题阅读活动，如针对儿童设立亲子阅读区，定期举办绘本讲座和手工制作活动；针

对青少年推出科幻小说推荐和科幻电影放映活动；对于中老年人，可以设置养生阅读区，提供健康养生类书籍的推荐和讲座。其次，图书馆应提供个性化的服务，如设立自助借还书系统，方便读者随时随地借阅图书；开展读者荐书活动，鼓励读者推荐自己喜欢的书籍，增加图书馆的藏书种类；同时，图书馆还可以利用大数据技术，分析读者的借阅习惯和兴趣偏好，为读者推送个性化的阅读建议。此外，图书馆还可以与社区、学校、企业等合作，开展图书漂流、图书交换等活动，促进图书资源的共享和利用。

2. 加强与读者的互动，及时了解并响应读者需求

加强与读者的互动是提升图书馆服务质量的关键。图书馆应当建立多种渠道与读者进行沟通交流，如设置读者意见箱、开展读者满意度调查、建立图书馆官方微博和微信公众号等。通过这些渠道，图书馆可以及时了解读者的需求和反馈，针对问题进行改进和优化。同时，图书馆还可以举办读者座谈会、读书分享会等活动，增进与读者的情感联系，激发读者的参与热情。此外，图书馆应充分利用现代科技手段，如智能机器人、虚拟现实技术等，为读者提供更加便捷、高效的服务体验。例如，通过引入智能机器人，图书馆可以实现 24 小时自助服务，提高服务效率；利用虚拟现实技术，图书馆可以为读者打造沉浸式的阅读环境，提升阅读体验。

（四）强化设施建设，提升服务环境

在提升公共图书馆服务质量的征途上，强化设施建设以及改善服务环

境无疑是重要的一环。这两方面不仅直接关系到读者对于图书馆的直观感受，更是影响他们能否沉浸于知识的海洋，享受阅读的乐趣。硬件设施是图书馆服务的基础，涵盖了藏书量、阅览桌椅、自助设备、电子资源等多个方面。在信息化、数字化的时代背景下，图书馆应增加电子阅读设备，如电子图书阅读器、自助查询机等，以满足不同读者的需求。同时，对于图书馆的建筑设计，也应注重采光、通风、隔音等环境因素，为读者创造一个舒适的学习空间。此外，图书的更新与补充也是硬件设施建设的重要一环，图书馆应定期评估藏书结构，根据读者的阅读需求和学科发展，及时调整藏书比例，确保图书资源的时效性和丰富性。营造舒适、便捷的阅读环境，增强读者体验，同样至关重要。图书馆不仅是借阅书籍的场所，更是文化交流的平台。因此，图书馆应在服务环境上下功夫，比如提供温馨的座椅、柔和的灯光、适宜的温湿度，甚至设置一些安静的休息区，让读者在紧张的学习或工作中得到片刻的放松。同时，图书馆还应注重服务的人性化，如设置明显的指示牌、提供便捷的借阅流程、加强工作人员的业务培训等，让读者在享受服务的过程中感受到温馨与便利。此外，图书馆还可以通过举办讲座、展览、读者交流等活动，丰富读者的文化生活，提升图书馆的文化品位和社会影响力。强化设施建设、提升服务环境是提升公共图书馆服务质量的重要途径。只有不断优化硬件设施，营造良好的阅读环境，才能真正吸引读者、留住读者，让图书馆成为公众的精神家园。同时，这也需要图书馆管理者和工作人员的不断努力和创新，以读者为中心，不断提升服务水平，满足读者的多元化需求。只有这样，公共图书馆才能在信息化、数字化的时代潮流中立于不败之地，为社会的文化发展和知识传播做出更大的贡献。

（五）建立完善的服务质量评价体系

公共图书馆作为城市文化建设的重要组成部分，其服务质量直接关系到广大读者的阅读体验和文化生活的满意度。因此，建立一套科学、合理且行之有效的服务质量评价体系，对于提升公共图书馆的服务质量具有至关重要的意义。

1.制定科学、合理的服务质量评价标准

制定科学、合理的服务质量评价标准是提升公共图书馆服务质量的首要步骤。这些标准应该既包含对图书馆基础服务，如图书借阅、信息咨询、活动组织等的评估，也涵盖对图书馆环境、设施、开放时间等硬件条件的考量。同时，标准制定过程中应广泛征求读者意见，确保评价标准能够真实反映读者的需求和期望。此外，标准还应具备可操作性和可衡量性，以便于后续的服务质量评估工作。在具体制定标准时，可以借鉴国内外先进的服务质量管理模式和评价体系，结合图书馆实际情况，制定出一套既符合国际惯例又具有本地特色的服务质量评价标准。例如，可以设置读者满意度调查、图书流通率、参考咨询服务效率等具体指标，通过定期收集和分析数据，对图书馆的服务质量进行客观评价。

2. 定期开展服务质量评估，及时发现问题并改进

制定了科学、合理的服务质量评价标准之后，接下来的关键步骤就是定期开展服务质量评估工作。评估过程应遵循公开、公正、公平的原则，确保评估结果的客观性和准确性。可以通过问卷调查、读者座谈会、专家评审等多种方式收集信息，全面了解读者对图书馆服务的评价和建议。评估结果出来后，图书馆应组织专门的团队对评估结果进行深入分析，找出服务中存在的问题和不足。针对这些问题，图书馆应制定详细的改进方案，明确改进措施、责任人和完成时限。改进措施实施过程中，应建立有效的监督机制，确保各项措施能够落到实处，真正提升图书馆的服务质量。同时，图书馆还应将服务质量评估和改进工作纳入常态化管理，不断完善评价体系和机制，以适应读者需求的变化和图书馆自身的发展。通过持续改进和创新，公共图书馆将能够更好地服务于广大读者，推动全民阅读和文化事业的发展。建立完善的服务质量评价体系是提升公共图书馆服务质量的重要途径。通过制定科学、合理的评价标准，定期开展服务质量评估，并及时发现问题、改进措施，公共图书馆将能够为读者提供更加优质、高效的服务，为城市文化建设和社会发展做出更大的贡献。

三、公共图书馆服务质量提升的实践案例与效果评估

（一）实践案例介绍

案例一：某市图书馆创新服务模式，提升服务质量

某市图书馆作为城市文化的重要组成部分，一直致力于为市民提供高质量的图书阅读服务。为了应对数字化时代的挑战和满足读者多样化的需求，该图书馆积极创新服务模式，大力提升服务质量。首先，该图书馆引入了"智慧图书馆"系统，通过自助借还书机、智能检索系统、电子阅读器等技术手段，简化了借阅流程，提高了服务效率。读者只需通过简单的操作，就能快速完成图书的借阅和归还，大大节省了时间和精力。同时，智能检索系统让读者能够快速找到所需图书，电子阅读器则提供了丰富的电子图书资源，满足了读者多样化的阅读需求。其次，该图书馆还开展了多样化的读者活动，如主题讲座、读书分享会、亲子阅读等，吸引了不同年龄层次的读者参与。这些活动不仅丰富了读者的文化生活，也提高了图书馆的知名度和影响力。此外，该图书馆还加强了与社区、学校等机构的合作，共同推广阅读文化，打造了"书香社区"品牌。通过与社区、学校的合作，图书馆的资源得到了更好的利用，同时也为市民提供了更加便捷的阅读服务。通过这一系列创新举措，某市图书馆不仅提升了自身的服务质量，也进一步增强了社会影响力，成为了市民喜爱的文化场所。

案例二：某地区公共图书馆利用科技手段优化读者体验

在当今数字化时代，科技手段在各行各业都得到了广泛应用。某地区公共图书馆为了提升读者体验，充分利用科技手段进行了一系列的优化措施。首先，该图书馆引入了虚拟现实（VR）和增强现实（AR）技术，为读者提供了沉浸式的阅读体验。读者可以通过 VR 眼镜观看 360 度全景图书展示，感受身临其境的阅读氛围；通过 AR 技术，可以在实体图书中看到立体的插图和动画，增强了阅读的趣味性。这种全新的阅读方式吸引了大量年轻读者的关注，提升了图书馆的吸引力和竞争力。其次，该图书馆还推出了移动应用程序，读者可以通过手机随时随地查询图书信息、预约座位、参与线上活动等，极大地方便了读者的使用。同时，图书馆还通过大数据分析等技术手段，对读者的阅读习惯和兴趣进行深入研究，为读者提供更加个性化的推荐服务。此外，该图书馆还引入了智能机器人进行导览和咨询服务。智能机器人可以通过语音识别和自然语言处理技术，与读者进行交互，解答读者的问题，提供导览服务。这种智能化的服务方式不仅提高了服务效率，也为读者带来了全新的体验。通过这些科技手段的应用，某地区公共图书馆不仅优化了读者的阅读体验，也展现了公共图书馆在科技创新方面的积极尝试。这些创新举措不仅提高了图书馆的服务质量，也为读者带来了更加便捷、高效的阅读服务。

案例三：某高校图书馆与社区合作，打造共建共享服务新模式

为了更好地服务周边社区和高校师生，某高校图书馆积极与社区合作，打造了共建共享服务的新模式。这种合作模式不仅丰富了图书馆的资源和服务，也为社区和高校带来了实实在在的益处。首先，该图书馆与社区共同建立了"图书漂流站"。这些漂流站不仅分布在校园内各个角落，还延伸到了周边的社区。通过图书漂流站，市民和师生可以将自己闲置的图书进行共享，既丰富了图书馆的藏书资源，也促进了社区间的文化交流。同时，这种共享模式也倡导了绿色环保的理念，减少了资源浪费。其次，该图书馆还定期举办面向社区居民和高校师生的文化活动，如展览、讲座、研讨会等。这些活动不仅为市民和师生提供了相互学习、交流的平台，也促进了社区与高校的文化融合。通过这些活动，图书馆成为了连接社区和高校的桥梁和纽带。此外，该图书馆还与社区合作开展了"阅读推广人"计划。该计划旨在培训社区居民成为阅读推广志愿者，深入社区、学校推广阅读文化。这些阅读推广人不仅可以在图书馆举办的各种活动中发挥作用，还可以在社区、学校等场所开展阅读推广活动，引导更多人养成阅读习惯。通过这种共建共享的服务模式，某高校图书馆不仅提升了自身的服务质量，也为周边社区和高校带来了实实在在的好处。这种合作模式不仅丰富了图书馆的资源和服务，也促进了社区与高校的文化交流和融合。同时，这种合作模式也为其他图书馆提供了有益的借鉴和参考，推动了公共图书馆服务质量的整体提升。

（二）实践效果评估与分析

1. 服务质量提升对读者满意度的影响

在公共图书馆服务质量的提升过程中，实践效果的评估与分析占据着举足轻重的地位。这不仅关系到图书馆是否能够持续改进服务，满足读者需求，更关乎图书馆能否在竞争日益激烈的信息时代中脱颖而出，保持其作为社会知识信息中心的核心地位。服务质量的提升是公共图书馆不断追求的目标之一，而读者满意度则是衡量服务质量提升效果的重要标准。在实践中，我们观察到，通过改进服务流程、提升员工服务水平、优化阅读环境等一系列措施，图书馆的读者满意度得到了显著提升。这种提升不仅体现在读者对图书馆整体服务的评价上，更体现在读者对图书馆各个服务环节的满意度上。首先，改进服务流程使得借阅、咨询等基本服务更加便捷高效。读者能够更快地找到他们需要的图书和信息，借阅流程也变得更加简单明了。这种变化不仅提高了读者的借阅效率，也增强了他们对图书馆的信任感。其次，员工服务水平的提升也是读者满意度提高的关键因素。通过培训和教育，图书馆员工的专业知识和服务意识得到了增强，他们能够以更加热情、专业的态度为读者提供服务。这种变化使得读者在图书馆的体验更加愉快，也增加了他们对图书馆的依赖和喜爱。最后，优化阅读环境也是提升读者满意度的重要措施。图书馆通过改善阅读环境，如增加座椅、提供免费无线网络、优化照明和空调设施等，为读者创造了一个更加舒适、便捷的阅读空间。这种变化使得读者更愿意在图书馆停留和阅读，也增加了他们对图书馆的好感度。在评估服务质量提升对读者满意度的影响时，我们采用了问卷调查、读者反馈等多种方式收集数据。通过分析这些数据，我们发现读者对图书馆的整体满意度有了显著提升，他们对图书馆的服务质量、环境、设施等方面都给予了高度评价。这种正面反馈不仅证明了服务质量提升措施的有效性，也为图书馆未来的服务优化提供了有力支持。

2. 服务质量提升对图书馆运营效率的影响

服务质量的提升不仅关系到读者满意度的提高，更与图书馆的运营效率密切相关。在实践中，我们观察到，服务质量的提升对图书馆的运营效率产生了积极的影响。首先，通过优化服务流程、引入自动化设备等措施，图书馆的工作效率得到了显著提升。例如，自动化借阅系统的引入使得借阅过程更加快速、准确，减少了人工操作的错误和延误。这种变化不仅提高了图书馆的工作效率，也降低了人力成本。其次，员工服务水平的提升也有助于提高图书馆的运营效率。当员工具备更强的服务意识和专业知识时，他们能够更好地处理读者的问题和需求，减少不必要的沟通和解释。这种变化不仅提高了图书馆的服务质量，也提高了员工的工作效率。此外，服务质量的提升还有助于提高图书馆的资源利用效率。通过优化资源配置、推广数字化资源等措施，图书馆能够更好地满足读者的需求，减少资源的浪费和闲置。这种变化不仅提高了图书馆的资源利用效率，也为其他服务提供了更多的资源和支持。在评估服务质量提升对图书馆运营效率的影响时，我们采用了数据分析、员工反馈等多种方式收集数据。通过分析这些数据，我们发现图书馆的工作效率、员工的工作效率以及资源利用效率都有了显著提升。这种正面变化不仅证明了服务质量提升措施的有效性，也为图书馆未来的运营优化提供了有力支持。

3. 服务质量提升对图书馆品牌形象的影响

图书馆的品牌形象是其在公众心目中的印象和认知，是图书馆吸引读者、保持竞争力的重要因素。服务质量的提升对于塑造和提升图书馆的品牌形象具有至关重要的作用。在实践中，我们观察到，服务质量的提升对图书馆的品牌形象产生了积极的影响。首先，通过提供高质量的服务，如专业的图书推荐、丰富的文化活动、便捷的借阅体验等，图书馆树立了专业、可靠、贴心的形象，赢得了读者的信任和喜爱。这种正面的品牌形象使得图书馆在读者心中占据了重要的地位，增加了其吸引力。其次，服务质量的提升还有助于提升图书馆的知名度和美誉度。当读者对图书馆的服务感到满意时，他们会向亲朋好友推荐该图书馆，或者在社交媒体上分享自己的良好体验。这种口碑传播使得图书馆的知名度得到了提升，也增加了其在社会上的影响力。同时，正面的口碑还能够提高图书馆的美誉度，使其在读者心中树立起良好的形象。此外，服务质量的提升还有助于塑造图书馆独特的品牌文化。通过举办各种文化活动、推广阅读等措施，图书馆可以传递出其独特的文化理念和价值观。这种独特的品牌文化使得图书馆在读者心中留下了深刻的印象，增加了其品牌的独特性和吸引力。在评估服务质量提升对图书馆品牌形象的影响时，我们采用了品牌调查、媒体报道等多种方式收集数据。通过分析这些数据，我们发现图书馆的品牌形象得到了显著提升，其知名度、美誉度以及品牌文化都得到了广泛的认可和好评。这种正面变化不仅证明了服务质量提升措施的有效性，也为图书馆未来的品牌发展提供了有力支持。

（三）从实践中总结的经验与启示

1. 坚持以读者为中心，持续优化服务流程

在公共图书馆服务质量的提升过程中，坚持以读者为中心的原则是至关重要的。这意味着图书馆需要深入了解读者的需求和期望，并据此不断优化服务流程。通过设立读者意见箱、开展读者满意度调查、定期举办读者座谈会等方式，图书馆可以收集到读者的宝贵反馈。基于这些反馈，图书馆可以调整开放时间、改进借阅流程、提升咨询服务的专业性，甚至根据读者的阅读习惯和偏好调整藏书结构。这样的做法不仅提高了服务的针对性和实效性，也增强了读者的归属感和满意度。例如，某市图书馆通过引入自助借还书系统和电子图书推荐系统，大大减少了读者排队等候的时间，同时提高了图书推荐的准确性，赢得了读者的一致好评。

2. 积极运用科技手段，提升服务智能化水平

随着信息技术的飞速发展，公共图书馆应当积极拥抱科技，利用先进的技术手段提升服务的智能化水平。这包括但不限于建设数字图书馆、推广移动阅读服务、开发智能推荐系统、引入自助服务设备等。通过这些科

技手段的应用，图书馆可以实现服务的自动化、个性化和高效化，从而满足读者多样化的需求。例如，一些图书馆通过引入 RFID 技术，实现了图书的自动盘点和快速借还，大大提高了服务效率；同时，通过大数据分析技术，图书馆可以分析读者的借阅记录和浏览行为，为读者提供更加精准的图书推荐和个性化的阅读建议。这些智能化的服务不仅提升了图书馆的服务质量，也增强了读者的阅读体验。

3.加强与社会各界的合作，实现资源共享与互利共赢

公共图书馆作为社会文化的重要载体，应当积极与社会各界开展合作，实现资源共享与互利共赢。这种合作可以是多方面的，例如与学校合作开展阅读推广活动、与社区合作建设分馆或服务站、与企业合作开发数字阅读产品等。通过合作，图书馆不仅可以拓宽服务领域，提高资源利用效率，还可以借助外部力量提升自身的影响力和服务水平。同时，这种合作也有助于推动全社会阅读氛围的形成，提升公民的文化素养。例如，一些图书馆与当地的书店合作，共同举办读书会、讲座等活动，不仅吸引了更多的读者参与，也促进了图书的销售和文化的传播。这种合作模式既提升了图书馆的服务质量，也实现了社会效益的最大化。

第九章　公共图书馆竞争力的提升

一、竞争力的概念与特点

（一）竞争力的定义

竞争力，简而言之，是指一个组织或个体在特定环境中所展现出的相对于其他同类组织或个体的优势和能力。这种能力不仅包括当前所拥有的资源和实力，更涵盖了通过有效配置这些资源、持续创新以及适应环境变化而获取未来优势的能力。对于公共图书馆而言，竞争力体现在其提供的服务、资源质量、管理效率、技术创新以及满足用户需求的能力上。图书馆要在日益激烈的信息服务竞争中占据一席之地，就必须明确自身的核心竞争力所在，并不断提升这种能力，以应对外部环境的变化和用户需求的多样化。

（二）竞争力的特点

竞争力具有多维性、动态性和相对性的特点。多维性指的是竞争力不仅包括了经济层面，还涵盖了技术、管理、文化等多个方面。动态性体现在竞争力是一个不断发展变化的过程，需要随着环境和市场需求的变化而不断调整和优化。相对性是指竞争力是在与其他组织或个体的比较中显现出来的，没有绝对的竞争力，只有相对于某一参照系的竞争力。对于公共图书馆而言，这些特点意味着图书馆需要综合考虑多个方面的因素来提升自身的竞争力，并且要时刻保持敏锐的洞察力和适应性，以应对不断变化的环境和用户需求。

二、竞争力与公共图书馆的关系

公共图书馆作为社会文化服务体系的重要组成部分，其竞争力的提升不仅关系到图书馆自身的发展，更关系到整个社会的文化进步和信息服务水平的提升。在信息时代背景下，公共图书馆面临着前所未有的挑战和机遇。一方面，数字化、网络化等技术的快速发展使得信息获取和传递方式发生了深刻变革，用户对信息服务的需求也日趋多元化和个性化。另一方面，公共图书馆凭借其丰富的馆藏资源、专业的服务团队和深厚的社会文化积淀，在信息服务和知识传播方面仍具有不可替代的优势。因此，公共图书馆需要充分认识到竞争力的重要性，积极适应信息时代的发展要求，不断提升自身的服务能力和水平，以满足用户多样化的信息需求，并在信息服务市场中占据一席之地。同时，图书馆还应加强与其他信息服务机构的合作与交流，共同推动社会文化服务体系的完善和发展。

（一）提高服务水平与读者满意度

1.优化借阅流程

借阅流程的优化是提高公共图书馆服务水平和读者满意度的基石。借阅流程是读者与图书馆交互最频繁的部分，其顺畅性和效率直接决定了读者的阅读体验。为了实现这一目标，图书馆应当采取多种措施来优化借阅流程。首先，通过引入先进的自助借还书系统和电子图书检索系统，简化借阅步骤，减少读者的等待时间。这些系统可以实现快速、准确的图书检索和借阅操作，极大提高借阅效率。其次，图书馆应对工作人员进行定期培训，提升他们的专业素养和服务意识。工作人员是图书馆与读者之间的桥梁，他们的服务态度和专业水平直接影响着读者的满意度。通过培训，工作人员可以更好地理解读者的需求，提供更贴心、专业的服务。最后，图书馆还可以通过优化图书布局和提供明确的指示标识，方便读者找到所需图书，减少他们的寻找时间。

2.提升读者服务质量

提升读者服务质量是公共图书馆竞争力的关键所在。为了做到这一点，图书馆需要从多个方面入手。首先，图书馆应提供多样化的服务方式，满足不同读者的需求。例如，开设亲子阅读区，为家长和孩子提供一个温馨、舒适的阅读环境；举办专题讲座和读者沙龙活动，为读者提供与作家、专家面对面交流的机会；提供个性化的推荐服务，根据读者的阅读历史和喜好推荐合适的图书。其次，图书馆还应关注特殊群体的需求，如老年人、残障人士等。为他们提供无障碍服务和定制化的阅读环境，如设置大字版图书、提供语音导览等。此外，图书馆还可以通过增加开放时间、延长借阅期限等措施来提高读者的满意度。这些举措不仅能够增强图书馆的吸引力，还能让读者感受到图书馆对他们的关爱和尊重。

3. 强化读者反馈机制

强化读者反馈机制是提升公共图书馆服务水平和读者满意度的重要保障。为了及时获取读者的意见和建议，图书馆需要建立起一套完善的反馈收集和处理体系。首先，图书馆应设立多种反馈渠道，如意见箱、在线调查表、读者座谈会等，方便读者随时提出自己的看法和建议。同时，图书馆还应定期公布反馈处理情况，展示对读者意见的重视和改进措施。其次，图书馆应对收集到的反馈进行认真分析和处理。通过统计和分析读者的反馈意见，图书馆可以了解读者的真实需求和期望，为改进服务提供依据。最后，图书馆还应建立激励机制，鼓励读者积极参与反馈活动。例如，可以设置"最佳反馈奖"等奖项，表彰那些提出有益建议的读者。这样不仅能够激发读者的参与热情，还能为图书馆提供更多有价值的信息和建议。

（二）加强资源建设与技术创新

1. 丰富馆藏资源

在提升公共图书馆竞争力的过程中，加强资源建设是不可或缺的一环。丰富的馆藏资源是图书馆吸引读者、满足阅读需求的基础。公共图书馆应持续优化藏书结构，确保图书种类的多样性和内容的时效性。这包括定期更新图书，剔除陈旧过时、利用率低的图书，增加热门、经典、新出版的图书，以满足不同年龄段、不同职业、不同兴趣的读者的阅读需求。同时，图书馆还应积极拓展非书资料，如期刊、报纸、音像资料、电子出版物等，形成多元化的馆藏体系。在采购图书时，图书馆应充分听取读者和馆员的意见，结合阅读趋势和读者反馈，制定科学合理的采购计划。此外，图书馆还应加强与其他图书馆、出版社、文化机构的合作，通过馆际互借、资源共享等方式，扩大自身的资源储备，为读者提供更加丰富的阅读选择。

2. 推动数字化进程

在信息技术迅猛发展的背景下，推动图书馆数字化进程是提升竞争力的关键。数字化不仅可以提高图书馆的服务效率，还能拓宽读者的阅读渠道和方式。公共图书馆应加大数字化建设的投入，引进先进的数字化设备和技术，对馆藏资源进行数字化处理，建立起完善的数字化资源库。这包括将纸质图书转化为电子图书，制作电子期刊、报纸、音像资料等，方便读者在线浏览和下载。同时，图书馆还应开发移动阅读平台，提供手机、平板等设备上的阅读服务，使读者能够随时随地享受阅读的乐趣。此外，图书馆还应利用大数据分析、人工智能等技术，对读者的阅读行为进行分析和预测，为读者推荐合适的图书和资源，提升读者的阅读体验和满意度。通过数字化进程的推动，公共图书馆将能够更好地适应时代的发展，满足读者的多样化需求，进一步提升自身的竞争力。

3. 引入先进技术设备

在提升公共图书馆竞争力的过程中，引入先进技术设备是不可或缺的一环。这些设备不仅可以帮助图书馆更好地管理和维护其馆藏资源，提高服务效率，还能为读者提供更加便捷、多样化的阅读体验。图书馆可以引入自动化管理设备，如自动化借还书系统、RFID 标签和读卡器等。这些设备可以大大缩短读者借还书的时间，提高图书馆的流通效率。同时，它们也可以帮助图书馆更准确地追踪图书的位置和状态，方便管理和维护。图书馆可以引入数字化设备，如扫描仪、数字相机、电子书阅读器等。这些设备可以将纸质图书转化为数字格式，方便读者在线阅读和下载。同时，它们也可以帮助图书馆建立起数字化资源库，扩大其资源储备和服务范围。图书馆还可以引入多媒体设备，如投影仪、音响系统、触摸屏等。这些设备可以为读者提供更加生动、形象的阅读体验，如播放视频、音频、展示图片等。它们也可以用于举办讲座、展览等活动，吸引更多的读者参与。在引入先进技术设备的过程中，图书馆需要注意以下几点。首先，要选择适合自身需求和条件的设备，避免盲目跟风和浪费资源。其次，要加强对设备的管理和维护，确保其正常运行和延长使用寿命。最后，要加强对读者的培训和指导，帮助他们更好地使用这些设备，享受阅读的乐趣。引入先进技术设备是提升公共图书馆竞争力的重要措施之一。通过引入这些设备，图书馆可以更好地管理和维护其馆藏资源，提高服务效率，为读者提供更加便捷、多样化的阅读体验。同时，它们也可以帮助图书馆适应时代的发展，满足读者的多样化需求，进一步提升自身的竞争力。

（三）强化品牌建设与市场推广

1.明确品牌定位

品牌定位是品牌建设的基石，它决定了图书馆在读者心中的独特印象和价值取向。公共图书馆应根据自身特色、资源优势和服务目标，明确自身的品牌定位。这包括确定图书馆的核心价值观，即图书馆希望为读者提供什么样的服务体验；明确目标读者群体，即图书馆的服务主要面向哪些人群；塑造独特的品牌形象，通过标识设计、环境布置、服务流程等方面，展现图书馆的独特魅力。通过明确的品牌定位，公共图书馆可以在激烈的市场竞争中占据一席之地，吸引更多志同道合的读者。

2.创新品牌传播方式

在数字化、网络化的时代背景下，品牌传播方式也需要与时俱进，不断创新。公共图书馆应充分利用现代科技手段，如社交媒体、网络直播、短视频等，拓宽品牌传播的渠道和形式。通过线上线下的互动活动，如读者见面会、主题讲座、展览展示等，增强与读者的互动与沟通，提升品牌的知名度和美誉度。同时，图书馆还可以与媒体合作，通过新闻报道、专题报道等形式，扩大品牌的影响力。创新品牌传播方式，不仅能让更多的读者了解图书馆，还能激发读者对图书馆的兴趣和热情，进一步提升图书馆的吸引力。

3.拓展品牌合作渠道

品牌合作是提升品牌影响力和竞争力的重要途径。公共图书馆应积极拓展品牌合作渠道,与其他文化机构、教育机构、社区组织等建立合作关系,共同开展文化活动和服务项目。通过合作,图书馆可以借鉴其他机构的成功经验和资源优势,丰富自身的服务内容和形式,提升服务质量。同时,合作也能为图书馆带来更多的曝光机会和合作伙伴,进一步扩大品牌影响力。在拓展品牌合作渠道的过程中,图书馆还需要注重合作关系的维护和深化,通过定期的交流与合作,共同推动文化事业的发展和创新。强化品牌建设与市场推广对于提升公共图书馆竞争力具有重要意义。通过明确品牌定位、创新品牌传播方式、拓展品牌合作渠道等多方面的努力,公共图书馆可以不断提升自身的品牌形象和影响力,吸引更多的读者和合作伙伴,为社会的文化繁荣和发展做出更大的贡献。

(四)深化文旅融合与多元发展

公共图书馆作为城市文化的重要载体和公共服务的重要窗口,其竞争力的提升不仅关乎图书馆自身的可持续发展,更是城市文化软实力提升的关键。在文旅融合的大背景下,公共图书馆应深入挖掘地方文化资源,积极开展文旅融合活动,探索多元盈利模式,以此推动自身竞争力的全面提升。

1.挖掘地方文化资源

地方文化资源是公共图书馆独特的宝藏,也是吸引读者、提升竞争力的关键。图书馆应通过系统的文献收集、整理和研究，深入挖掘本地的历史、民俗、艺术、手工艺等资源，形成具有地方特色的文化产品。这包括对古籍的整理出版、地方历史和文化讲座的举办、非遗文化的传承与推广等。通过这些活动，图书馆不仅能够丰富自身的馆藏资源，还能增强读者对地方文化的认同感和归属感，从而吸引更多读者走进图书馆，提升图书馆的知名度和影响力。

2. 开展文旅融合活动

文旅融合是新时代文化发展的重要趋势，公共图书馆应充分利用自身的文化资源和空间优势，与旅游部门、景区、文化机构等合作，开展形式多样的文旅融合活动。这包括举办文化旅游节、文化展览、主题讲座、互动体验活动等，将图书馆打造成为文化旅游的重要节点。同时，图书馆还可以通过开发文化旅游线路、推出文化旅游产品等方式，将文化资源转化为旅游产品，吸引更多游客前来参观体验，进一步拓展图书馆的服务领域和影响力。

3. 探索多元盈利模式

随着社会的快速发展和读者需求的多样化，公共图书馆的传统盈利模式已难以适应新时代的要求。因此，图书馆应积极探索多元盈利模式，以增强自身的经济实力和竞争力。这包括开展文化创意产品开发、举办文化讲座和培训班、提供个性化信息服务、建设数字图书馆等。通过这些多元化的服务和产品，图书馆不仅可以增加收入来源，还可以满足不同读者的多样化需求，提升自身的服务水平和综合竞争力。同时，图书馆还可以通过与企业、社会组织的合作，共同开发文化市场，实现资源共享和互利共赢。公共图书馆竞争力的提升需要深化文旅融合与多元发展。通过挖掘地方文化资源、开展文旅融合活动、探索多元盈利模式等举措，图书馆不仅能够丰富自身的文化内涵和服务形式，还能吸引更多读者和游客，增强自身的社会影响力和竞争力。在未来的发展中，公共图书馆应继续坚持创新驱动、特色发展、服务至上的理念，不断提升自身的综合实力和服务水平，为城市文化软实力的提升做出更大的贡献。

（五）加强人才队伍建设与管理创新

公共图书馆作为社会文化的重要载体，其竞争力的提升关键在于人才队伍建设与管理创新。这两者相辅相成，共同推动着图书馆事业的发展。

1. 培养专业人才

培养专业人才是提升公共图书馆竞争力的首要任务。图书馆需要一批具备图书情报专业知识、熟悉信息技术、擅长读者服务的高素质人才。为此，图书馆应建立完善的人才培养机制，包括制定详细的人才培养计划、开展定期的业务培训、鼓励员工参与学术交流和继续教育等。同时，图书馆还应与高校、科研机构等建立合作关系，吸引更多优秀的人才加入图书馆事业。通过专业人才的培养，图书馆能够提供更高效、更专业的服务，满足读者多样化的需求，从而增强自身的竞争力。

2. 优化人才结构

优化人才结构是提升公共图书馆竞争力的关键措施。一个合理的人才结构应该包括不同专业背景、不同技能水平的员工，以满足图书馆在不同领域、不同层面上的工作需求。图书馆应通过招聘、选拔等方式，引进具备不同专业背景和技能水平的员工，形成多元化的人才队伍。同时，图书馆还应建立科学的晋升机制，为员工提供职业发展的空间和机会，激发员工的工作热情和创造力。通过优化人才结构，图书馆能够形成一支高效、协同的团队，提升整体的工作效率和服务质量，从而增强自身的竞争力。

3. 创新管理机制

创新管理机制是提升公共图书馆竞争力的根本保障。图书馆应建立灵活、高效的管理机制，以适应不断变化的外部环境和读者需求。首先，图书馆应推行扁平化管理，减少管理层级，提高决策效率。其次，图书馆应建立科学的绩效考核体系，明确员工的工作职责和绩效标准，激励员工积极工作。同时，图书馆还应推行竞争上岗、能上能下的用人机制，激发员工的竞争意识和创新精神。此外，图书馆还应加强与其他机构的合作与交流，学习借鉴先进的管理经验和技术手段，不断提升自身的管理水平。通过创新管理机制，图书馆能够营造一个充满活力、创新的工作氛围，激发员工的创造力和潜能，从而推动图书馆事业的持续发展。加强人才队伍建设与管理创新是提升公共图书馆竞争力的关键举措。通过培养专业人才、优化人才结构和创新管理机制，图书馆能够打造一支高素质、高效率的团队，提供更加专业、高效的服务，满足读者的多样化需求，从而不断增强自身的竞争力。在未来的发展中，公共图书馆应继续重视人才队伍建设与管理创新，不断探索新的发展模式和管理机制，为推动社会文化事业的发展做出更大的贡献。

三、公共图书馆竞争力提升的反思与展望

（一）当前公共图书馆竞争力提升面临的挑战

在反思公共图书馆竞争力提升的过程中，我们不得不正视当前所面临的一系列挑战。随着科技的飞速进步和信息获取方式的多元化，传统图书馆的服务模式正受到前所未有的冲击。一方面，数字化阅读、在线数据库等新型信息获取方式的出现，使得读者不再局限于实体图书馆，这导致图书馆的物理访问量逐年下降。另一方面，公共图书馆在资金、人才、技术等方面普遍存在不足，难以与商业性阅读平台在服务质量、内容更新、用户体验等方面进行竞争。此外，社会文化的多元化和读者需求的个性化也对图书馆的服务内容和方式提出了更高的要求。因此，公共图书馆如何适应这些变化，找到新的增长点，成为提升竞争力的关键。

（二）未来公共图书馆竞争力提升的趋势与方向

展望未来，公共图书馆竞争力的提升将呈现出几个明显的趋势和方向。首先，数字化转型将成为图书馆发展的重要方向。通过建设数字化资源库、提供在线阅读服务等方式，图书馆能够突破物理空间的限制，吸引

更多读者。其次，个性化服务将成为图书馆提升竞争力的关键。图书馆需要深入了解读者的需求和习惯，提供定制化的服务，如个性化推荐、定制化阅读计划等。此外，图书馆还需要加强与社区、学校、企业等机构的合作，拓展服务领域，提高社会影响力。最后，图书馆应重视培养专业人才，提升服务质量和效率，以适应日益激烈的竞争环境。

（三）公共图书馆如何在竞争中实现可持续发展

面对竞争和挑战，公共图书馆要实现可持续发展，必须采取一系列策略。首先，图书馆需要制定长期发展规划，明确自身定位和发展目标。在此基础上，图书馆应加大投入，改善硬件设施，提升服务水平。同时，图书馆还应加强与各类机构的合作，拓展资金来源，提高资源利用效率。其次，图书馆应积极推动数字化转型和创新发展。通过引入先进技术和管理理念，图书馆能够提高服务效率和质量，满足读者多样化的需求。此外，图书馆还应注重培养专业人才队伍，提升员工的综合素质和业务能力。最后，图书馆应坚持以读者为中心的服务理念，不断优化服务流程和内容，提高读者满意度和忠诚度。通过这些措施的实施，公共图书馆能够在激烈的竞争中保持优势地位，实现可持续发展。

四、公共图书馆竞争力的评估与提升策略的持续优化

（一）竞争力的评估方法与指标体系

1. 评估方法的选择

公共图书馆竞争力的评估是一个重要的任务，需要选择合适的评估方法与指标体系。评估方法的选择应灵活多样，以定量评估为主，定性评估为辅。定量评估可以通过对图书馆各项业务指标的统计和分析来实现，如图书借阅量、读者数量、资源建设投入等。定性评估则可以通过专家评价、读者调查、同行评价等方式进行。在选择评估方法时，应充分考虑评估目的、数据可获得性、评估成本等因素。此外，公共图书馆竞争力的指标体系也应得到重视。指标体系应包括资源建设、服务质量、人员素质、运营效率和社会影响力等方面。这些指标应注重数据的客观性和可获得性，同时考虑指标之间的相互关系和逻辑性。可以通过问卷调查、数据分析、同行评价等方式不断完善指标体系，提高评估的准确性和有效性。为了持续优化公共图书馆竞争力的评估与提升策略，我们需要关注以下几个方面：首先，公共图书馆需要定期进行竞争力评估，了解图书馆的优势和不足，及时调整策略。通过定期评估，公共图书馆可以更好地掌握自身的发展状况，发现存在的问题和不足，进而采取相应的措施进行改进和提升。其次，公共图书馆应重视数据收集和分析工作。数据是评估和决策的重要依据，加强数据收集和分析工作可以提高决策的科学性和准确性。公

共图书馆可以通过建立数据收集和分析系统，定期收集和分析各项业务数据，了解图书馆的运行状况和读者需求，为制定针对性的提升策略提供支持。此外，公共图书馆之间应加强合作与交流，学习借鉴先进经验，提升整体竞争力。公共图书馆作为公共文化服务体系的重要组成部分，应该加强合作与交流，共同推动图书馆事业的发展。通过相互学习和借鉴，公共图书馆可以共同提高服务水平和竞争力，更好地满足读者需求和社会发展需要。最后，公共图书馆应注重人才培养和新技术应用。加强图书馆员的专业培训和素质提升，提高图书馆员的服务意识和创新能力，为提升竞争力提供人才保障。同时，公共图书馆应关注新技术在图书馆领域的应用，如数字化、移动阅读、人工智能等，提高图书馆的信息化水平和服务能力。通过人才培养和新技术应用，公共图书馆可以不断提升自身的竞争力，更好地满足读者需求和社会文化发展需要。

2. 指标体系的构建

要评估公共图书馆的竞争力，一套全面、客观、科学的指标体系是必不可少的。这些指标应能全面反映公共图书馆的资源、服务、用户满意度、社会影响力等多个方面。资源方面，包括纸质资源和数字资源。馆藏数量、种类、质量都是重要的评估指标。地区内的共享数据库、知识库等，这些资源的数量和质量也是评估的重要指标。服务方面是否提供多种服务项目，如图书借阅、参考咨询、讲座、展览等。服务质量可以通过用户满意度调查来衡量，包括服务态度、效率等。服务的普及程度，是否面向所有公众，包括弱势群体。与此同时，用户满意度是衡量图书馆竞争力的重要指标，可以通过问卷调查、在线评价、座谈会等方式获取。公共图书馆的社会影响力可以通过其在社区建设、文化传播、教育普及等方面的作用来衡量。例如，图书馆举办的讲座、展览等活动是否吸引了大量观众，是否对社区的文化氛围产生了积极影响。除了以上四个主要方面，还可以考虑其他一些因素，如图书馆的管理水平、技术创新应用、环保措施等，这些因素也可能对图书馆的竞争力产生影响。在构建指标体系时，应注意以下几点：指标体系应覆盖图书馆竞争力的各个方面，不应有遗漏。指标应尽可能量化，避免主观因素的影响。随着时间的推移，图书馆的竞争力可能会发生变化，因此指标体系也应具有一定的灵活性，能够适应变化。指标体系应能够提供反馈信息，帮助图书馆了解自身的优势和不足，从而进行改进。通过以上指标体系的构建和评估，公共图书馆可以更好地了解自身的竞争力状况，找出存在的问题和不足，进而采取相应的提升策略。

3. 提升策略的制定与实施

根据评估结果，公共图书馆应制定相应的提升策略，以增强其竞争力。这些策略应包括以下几个方面：根据用户需求和馆藏发展策略，增加馆藏资源数量和种类，提高数字资源的比例。同时，加强与地区内其他机构的资源共享，扩大馆藏覆盖面。加强图书馆员的专业培训，提高服务质量。优化借阅流程，提高效率。开展用户教育活动，提高用户对图书馆服务的认知度和满意度。引入新技术，如大数据、人工智能等，提升图书馆的服务水平。开展多样化的服务项目，如在线咨询、定制阅读服务等，以满足不同用户的需求。通过举办各类文化活动，如讲座、展览等，增强图书馆在社区的影响力。加强与媒体的合作关系，扩大图书馆的知名度。为了确保提升策略的有效实施，公共图书馆应建立相应的监督和评估机制。定期对策略的执行情况进行检查和评估，发现问题及时进行调整和改进。同时，应鼓励图书馆员积极参与策略的制定和实施过程，以提高其积极性和归属感。公共图书馆竞争力的评估与提升是一个持续优化的过程。通过建立科学的指标体系进行评估，制定相应的提升策略并加以实施，同时不断优化监督和评估机制，公共图书馆可以不断提升其竞争力，更好地满足用户的需求，为社区的发展做出更大的贡献。

（二）评估结果的分析与应用

1.评估结果解读

对公共图书馆竞争力的评估结果进行深入解读，是提升服务质量和持续优化策略的关键环节。评估结果不仅反映了图书馆当前的运营状态和服务水平，更揭示了其潜在的优势和不足。通过科学、系统的评估，我们可以对图书馆的各项指标进行量化分析，从而更加清晰地认识到图书馆在市场竞争中的地位和面临的挑战。首先，评估结果可以帮助我们了解图书馆的资源建设情况。这包括馆藏资源的数量、种类和质量以及资源的更新速度和利用效率。通过对比其他同类图书馆，我们可以发现自身在资源建设方面的优势和差距，进而调整和优化资源配置策略，以满足读者日益多样化的阅读需求。其次，评估结果可以反映图书馆的服务水平。这包括图书馆的开放时间、服务设施、服务态度和服务效率等方面。通过评估结果，我们可以发现服务中存在的问题和不足，如服务流程烦琐、服务态度不佳等，从而针对性地改进服务方式，提升服务质量。此外，评估结果还可以揭示图书馆的管理水平。这包括图书馆的决策机制、组织结构、人员配置和财务管理等方面。通过评估，我们可以发现管理层面上的问题和短板，如决策过程不透明、组织结构不合理等，进而优化管理流程和机制，提升图书馆的整体运营效率。在解读评估结果时，我们还需要注意以下几点。首先，评估结果应该是一个动态的过程，而非静态的结果。这意味着我们需要定期对图书馆进行评估，以了解其发展变化和服务质量的提升情况。其次，评估结果应该是一个全面的反映，而非片面的评价。这要求我们在评估过程中要充分考虑各种因素，包括图书馆的硬件设施、软件服务、人员素质等多个方面。最后，评估结果应该是一个有指导意义的参考，而非简单的数字堆砌。这意味着我们需要对评估结果进行深入的分析和解读，从中发现问题和不足，并提出相应的改进措施和建议。对公共图书馆竞争力的评估结果进行解读是一个复杂而重要的过程。通过深入分析和综合应用评估结果，我们可以更加清晰地认识到图书馆在市场竞争中的地位和面临的挑战，从而制定出更加科学、有效的提升策略和优化措施。这不仅有助于提升图书馆自身的竞争力和服务水平，更能为城市的文化发展和市民的精神生活贡献更多的力量。在未来的发展中，我们应该继续关注并深化对图书馆竞争力的评估和研究工作，推动公共图书馆事业的持续发展和创新进步。

2. 问题的识别与解决

在公共图书馆竞争力的评估过程中，问题的识别与解决是一个至关重要的环节。通过深入分析评估结果，我们能够发现图书馆在运行管理、服务质量、资源建设等方面存在的问题和不足。这些问题的存在不仅影响了图书馆的服务效率和读者满意度，也制约了图书馆竞争力的提升。因此，我们必须高度重视问题的识别和解决工作。问题的识别需要建立在全面、客观的评估基础上。评估结果的分析应该包括图书馆的各项指标数据，如馆藏量、借阅量、读者满意度等，同时也要关注图书馆的运行管理、服务创新、技术应用等方面的表现。通过对比分析不同图书馆之间的数据差异，我们可以发现图书馆在运行过程中存在的问题和不足。比如，如果图书馆的借阅量长期偏低，可能说明图书馆的馆藏资源不够丰富或者读者服务不够到位；如果图书馆的读者满意度不高，可能说明图书馆的服务质量存在问题或者图书馆的设施环境不够舒适等。问题的解决需要针对具体问题制定相应的解决策略。对于馆藏资源不够丰富的问题，图书馆可以通过增加投入、优化采购策略、加强馆际合作等方式来丰富馆藏资源；对于读者服务不到位的问题，图书馆可以通过提升员工素质、优化服务流程、增加服务项目等方式来提升服务质量；对于设施环境不够舒适的问题，图书馆可以通过改善设施条件、优化环境布局、增加休闲设施等方式来提升读者的阅读体验。同时，问题的解决还需要注重持续性和长效性。图书馆应该建立健全问题反馈和改进机制，定期对图书馆的运行状况进行评估和反思，及时发现和解决问题。同时，图书馆也应该重视问题的预防和前瞻性工作，通过加强内部管理、推动技术创新、提升员工素质等方式来预防问题的发生。此外，问题的解决还需要注重与读者的沟通和互动。图书馆应该积极听取读者的意见和建议，了解读者的需求和期望，将读者的反馈作为改进工作的重要依据。通过加强与读者的沟通和互动，图书馆不仅可以更好地满足读者的需求，提升读者的满意度和忠诚度，也可以借此机会宣传和推广图书馆的服务和资源，提升图书馆的知名度和影响力。在问题的识别和解决过程中，图书馆还需要注重与其他机构进行合作和资源共享。通过与其他图书馆、文化机构、教育机构等建立合作关系，图书馆可以共享资源、互通有无、互相学习、共同提升。这种合作模式不仅可以丰富图书馆的资源和服务内容，也可以提升图书馆的社会影响力和竞争力。问题的识别与解决是公共图书馆竞争力评估与提升策略持续优化过程中的重要环节。图书馆应该通过全面、客观的评估和分析，及时发现和解决问题；同时也应该重视问题的预防和前瞻性工作，加强与读者的沟通和互动，与其他机构建立合作关系，不断提升自身的服务水平和竞争力。只有这样，图书馆才能在日益激烈的市场竞争中立于不败之地，为公众提供更加优质、高效的文化服务。

（三）提升策略的持续优化与调整

1. 根据评估结果进行策略优化

在公共图书馆竞争力的评估工作完成后，接下来的重要任务就是基于评估结果来持续优化和提升图书馆的竞争策略。策略优化的过程不仅是对现有工作的改进，更是对未来发展的前瞻性规划。图书馆需要深入分析评估数据，识别出自身的优势和不足，进而制定针对性的优化措施。首先，对于评估中表现优秀的方面，图书馆应继续加强并巩固这些优势。例如，如果服务质量得到高度评价，图书馆可以进一步提升服务水平，如提供更多的个性化服务、加强图书馆员的培训以提升专业素养等。同时，也要对优秀的服务模式和理念进行总结，形成可复制可推广的经验，以供其他图书馆学习和借鉴。其次，对于评估中暴露出来的问题和不足，图书馆要制定明确的改进措施，并设定具体的时间表和责任人。比如，如果发现图书馆在数字资源建设方面存在短板，那么可以考虑增加投入，加强与出版商和数据库服务商的合作，丰富数字资源的种类和数量。同时，也要关注新技术的发展，如人工智能、大数据等，探索将这些技术应用于图书馆管理和服务中的可能性。此外，图书馆还需要关注外部环境的变化，包括用户需求的变化、技术进步、政策法规的调整等，及时调整和优化自身的策略。例如，随着移动互联网的普及，用户对移动阅读的需求也在不断增加。图书馆可以开发移动阅读平台，提供更加便捷的移动阅读服务，满足用户的需求。在策略优化的过程中，图书馆还要注重与读者的沟通和互动，了解他们的真实需求和期望，让读者参与到图书馆的服务改进中来。这不仅可以增强读者的归属感和满意度，也可以使图书馆的服务更加贴近读者的实际需求。同时，图书馆还需要建立一套科学有效的评估机制，定期对策略优化的效果进行评估和反馈。这样既可以检验策略优化的成效，也可以及时发现问题和不足，为后续的策略调整提供依据。评估机制的建立应该包括明确的评估指标、合理的评估周期、科学的评估方法等要素，确保评估结果的客观性和准确性。除了以上提到的几点，图书馆还需要注重自身品牌建设和营销推广。通过加强品牌建设，提升图书馆的知名度和影响力；通过有效的营销推广，吸引更多的读者使用图书馆的服务。这些都可以增强图书馆的竞争力，为图书馆的长远发展打下坚实的基础。公共图书馆竞争力的提升是一个持续不断的过程，需要图书馆根据评估结果不断优化和调整自身的策略。在这个过程中，图书馆需要深入分析自身的优势和不足，关注外部环境的变化，加强与读者的沟通和互动，建立一套科学有效的评估机制，并注重品牌建设和营销推广。只有这样，图书馆才能在激烈的市场竞争中保持领先地位，为公众提供更加优质、便捷的服务。

2. 策略调整的灵活性与前瞻性

在公共图书馆竞争力的评估与提升策略的持续优化过程中，策略调整的灵活性与前瞻性显得尤为关键。这不仅关系到图书馆在当前环境下的适应能力，更决定了其在未来竞争中的发展潜力。灵活性意味着图书馆在面对外部变化时，能够迅速作出反应，调整自身的服务模式和运营策略，以适应读者需求和市场变化。前瞻性则要求图书馆具备洞察未来趋势的能力，通过预见性的规划和布局，确保在未来的竞争中占据有利地位。要实现策略调整的灵活性与前瞻性，首先必须建立一套科学的评估机制，对图书馆当前的竞争力进行全面分析。这包括对图书馆资源建设、服务水平、技术应用、管理效率等多方面的评估。通过数据分析，找出图书馆的优势和不足，为策略调整提供科学依据。同时，图书馆还需要密切关注外部环境的变化，包括政策导向、技术进步、市场需求等，这些都将对图书馆的未来发展产生深远影响。在策略调整的过程中，图书馆应秉持"以读者为中心"的理念，不断提升服务质量。这包括优化阅读环境，提升图书资源的丰富度和时效性，加强数字化建设，提供更加便捷高效的检索和借阅服务等。同时，图书馆还应积极拓展服务领域，如开展阅读推广、信息素养教育、文化活动等，以满足读者多样化的需求。此外，图书馆还需要加强与其他文化机构的合作与交流，实现资源共享和优势互补。这不仅可以丰富图书馆的服务内容，提升其在文化领域的影响力，还可以拓宽图书馆的资金来源，为其长期发展提供有力保障。在技术应用方面，图书馆应紧跟时代步伐，积极引进新技术，如人工智能、大数据、云计算等，以提升服务效率和用户体验。例如，通过人工智能技术，图书馆可以实现自动化管理，提高工作效率；通过大数据分析，图书馆可以更加精准地把握读者需求，提供个性化的服务；通过云计算技术，图书馆可以实现资源的远程访问和共享，为读者提供更加便捷的服务。然而，策略调整的灵活性与前瞻性并不意味着盲目跟风或频繁变动。图书馆需要在保持稳定的基础上，根据自身的实际情况和发展需求，进行有针对性的调整。这要求图书馆具备一支高素质的管理团队，能够准确把握图书馆的发展方向，制定出符合实际需要的策略。同时，图书馆还需要建立一套完善的反馈机制，对策略实施的效果进行实时监测和评估。这包括对服务质量的评价、读者满意度的调查、资源利用率的统计等。通过收集和分析这些反馈信息，图书馆可以及时发现问题并作出相应调整，确保策略的有效性和可持续性。策略调整的灵活性与前瞻性对于公共图书馆竞争力的提升具有重要意义。图书馆需要通过科学的评估机制、优质的服务提升、广泛的合作与交流、先进的技术应用以及完善的反馈机制等手段，不断优化和调整自身策略，以适应外部环境的变化和满足读者的需求。只有这样，图书馆才能在激烈的竞争中保持领先地位，实现持续健康发展。

（四）公共图书馆竞争力提升的长效机制建设

1. 建立持续学习与改进的文化

在公共图书馆竞争力的提升过程中，建立一种持续学习与改进的文化至关重要。这种文化不仅要求图书馆员保持对新技术、新理念的敏感性和学习热情，更要求图书馆作为一个整体，形成一种自我更新、自我完善的机制。持续学习是提升竞争力的基石。随着信息技术的飞速发展，图书馆面临的外部环境不断变化，用户需求也日益多元化。这意味着图书馆员必须不断更新自己的知识和技能，以适应这些变化。持续学习不仅包括对新技术的掌握，如大数据分析、人工智能应用等，还包括对图书馆学理论的深入研究，以及对用户需求的敏锐洞察。只有这样，图书馆才能在激烈的市场竞争中保持领先地位。同时，改进是提升竞争力的关键。在学习新知识、新技能的过程中，图书馆员需要不断反思自己的工作实践，发现存在的问题和不足，并寻求改进的方法。这种改进不仅包括服务流程的优化，如提高借阅效率、优化检索系统等，还包括服务质量的提升，如提供更加个性化的推荐服务、建立更加便捷的互动平台等。通过不断的改进，图书馆可以不断提升用户满意度，进而增强自身的竞争力。为了建立持续学习与改进的文化，图书馆需要营造一种开放、包容的氛围。这种氛围鼓励图书馆员之间展开交流与合作，允许他们提出自己的想法和建议，分享自己的学习成果和实践经验。图书馆还需要建立一种激励机制，对那些在学习和改进方面取得突出成绩的图书馆员给予表彰和奖励，以激发大家的学习热情和创新精神。此外，图书馆还需要加强与外部机构的合作与交流。这包括与其他图书馆、信息机构、教育机构等的合作，共同开展学术研究、技术创新等活动。通过与外部机构的合作，图书馆可以获取更多的学习资源和改进灵感，同时也可以扩大自己的影响力，提升在行业内的地位。

2. 强化内外合作与交流

在公共图书馆竞争力的评估与提升策略的持续优化过程中，强化内外合作与交流是构建图书馆竞争力提升长效机制的关键环节。这种合作与交流不仅有助于图书馆内部各部门之间的协同合作，提升整体运营效率，还能够促进图书馆与外部机构之间的资源共享和优势互补，从而共同推动公共图书馆事业的繁荣发展。内部合作与交流是图书馆运营效率提升的基础。图书馆内部各部门之间需要建立有效的沟通机制，确保信息畅通，资源共享。通过定期召开部门会议、设立跨部门协作小组等方式，可以促进各部门之间的信息交流与合作，共同解决图书馆运营中遇到的问题。同时，图书馆还应鼓励员工之间的交流与合作，营造良好的团队合作氛围，激发员工的创新精神和工作热情。外部合作与交流则是图书馆竞争力提升的重要途径。图书馆应积极与其他文化机构、教育机构、科研机构等建立合作关系，共同开展阅读推广、信息素养教育、科学研究等活动。通过合作，图书馆可以拓展服务领域，提升服务质量，增强自身影响力。同时，外部合作还可以为图书馆带来更多的资源和资金支持，为图书馆的长期发展提供有力保障。在强化内外合作与交流的过程中，图书馆还需要注重合作与交流的效果评估与反馈。通过对合作项目的定期评估和总结，可以发现合作中存在的问题和不足，及时进行调整和改进。同时，图书馆还应建立完善的反馈机制，收集合作伙伴和读者的意见和建议，为未来的合作与交流提供有益参考。此外，图书馆在强化内外合作与交流的过程中，还需要关注数字化、网络化的发展趋势。随着信息技术的快速发展，图书馆的服务模式和运营方式也在发生深刻变化。图书馆应积极拥抱新技术，加强与数字化、网络化相关的机构和企业的合作与交流，共同推动公共图书馆的数字化、网络化进程。具体而言，图书馆可以通过与数字化企业合作，共同开发数字化阅读平台、移动阅读应用等产品，为读者提供更加便捷、高效的阅读服务。同时，图书馆还可以与网络化企业合作，建立图书馆联盟、资源共享平台等机制，实现资源的远程访问和共享，提高资源的利用率和影响力。

结　语

　　随着文化旅游的蓬勃发展，公共图书馆不再局限于传统的阅读服务，而是积极寻求与旅游产业的融合，打造具有地方特色的文旅融合品牌，这一创新实践不仅丰富了图书馆的服务功能，也为旅游产业注入了更多的文化内涵。然而，在文旅融合品牌建设的道路上，公共图书馆也面临着诸多挑战与反思。公共图书馆通过文旅融合品牌建设，实现了从单一阅读空间向多功能文化平台的转变，通过举办各类文化活动、展览、讲座等，图书馆吸引了更多的游客和市民，成为城市文化的新地标，同时，与当地旅游景点的合作，也为图书馆带来了更多的流量和关注度。在品牌建设方面，公共图书馆通过深入挖掘地方文化特色，设计出具有独特魅力的文创产品，如纪念品、图书周边等，进一步增强了品牌的吸引力和影响力，此外，图书馆还利用新媒体平台，积极开展线上推广，扩大了品牌的知名度和覆盖面。展望未来，公共图书馆文旅融合品牌建设仍有很大的发展空间。一方面，公共图书馆可以进一步拓展与旅游产业的合作领域，如开发文化主题旅游线路、推出特色文化体验活动等，以满足游客多样化的需求；另一方面，可以加强与其他文化机构的合作，共同打造城市文化品牌，提升城市的文化软实力。

在文旅融合品牌建设的实践中，公共图书馆也面临着一些挑战和问题。首先，如何平衡图书馆的阅读服务和文旅活动是一个难题。过多的文旅活动可能会干扰读者的阅读体验，而过于注重阅读服务则可能影响品牌的推广和吸引力，因此，图书馆需要在保持阅读服务核心功能的基础上，合理规划和安排文旅活动。其次，品牌建设的持续性和创新性也是一个挑战。随着市场的不断变化和游客需求的升级，图书馆需要不断创新品牌内容和形式，以保持品牌的吸引力和竞争力。同时，还需要建立长效机制，确保品牌建设的持续性和稳定性，此外，图书馆在文旅融合品牌建设过程中还需要关注与社区和公众的互动与沟通。通过举办公众参与的文化活动、征集公众意见和建议等方式，增强公众的参与感和归属感，使品牌建设更加贴近公众需求。公共图书馆文旅融合品牌建设是一项具有创新性和挑战性的工作，通过深入挖掘地方文化特色、拓展合作领域、创新品牌内容和形式等方式，图书馆可以打造出具有独特魅力和影响力的文旅融合品牌。同时，图书馆也需要在实践中不断反思和调整策略，以应对市场变化和游客需求的变化。展望未来，公共图书馆将继续在文旅融合品牌建设的道路上探索和创新，为城市文化的发展和旅游产业的繁荣做出更大的贡献。

参考文献

［1］任欢.文旅融合促进百姓增收致富［N］.光明日报，2024-03-05(008).

［2］许塑，彭菊媛，段娟娟.赋能文旅融合发展的高校图书馆与社会组织合作模式研究［J/OL］.农业图书情报学报，1-13［2024-03-05］. https://doi.org/10.13998/j.cnki.issn1002-1248.23-0769.

［3］戚原，冉金鹭.文旅融合绘就"诗和远方"［N］.中国县域经济报，2024-03-04(007).

［4］金琳琳，翁畅平.数智时代图书馆文旅数实融合发展路径研究［J/OL］.图书馆，1-7［2024-03-05］.http://kns.cnki.net/kcms/detail/43.1031. g2.20240208.2121.002.html.

［5］黄萍.文旅融合背景下公共图书馆未成年人研学服务实践探索——以广西壮族自治区桂林图书馆为例［J］.河南图书馆学刊，2024，44(02):8-10.

［6］王雪超.人工智能助力公共图书馆文旅融合高质量发展的思考［J］.河南图书馆学刊，2024，44(02):23-25.

［7］崔萌.文旅融合背景下公共图书馆阅读推广的发展路径［J］.图书馆学刊，2024，46(01):91-93.

［8］高春玲，宋金劢，胡雅悦，等.公共图书馆研学旅行服务的实践与推进思考［J］.图书情报工作，2024，68(02):29-40.

［9］廖敏.文旅融合为图书馆注入新活力［J］.文化产业，2024(02):28-30.

［10］黄安妮，陈雅.文旅融合背景下公共图书馆空间建设的实践路径与策略研究［J］.图书馆理论与实践，2024(01):9-16.

［11］高春玲，沈文君，宋金劢.中美高竞争力城市公共图书馆研学旅行服务比较研究［J/OL］.晋图学刊，1-12［2024-03-05］.http://kns.cnki.net/kcms/detail/14.1022.G2.20231229.1048.002.html.

［12］王颖.文旅融合下高校图书馆参与公共文化服务的研究［J］.内蒙古科技与经济，2023(24):135-137+141.

［13］姚志慧.红色文旅融合背景下图书馆资源服务策略研究——以朝阳市图书馆为例［J］.图书馆学刊，2023，45(12):80-82.

［14］吴元芳，李纲.文旅融合背景下地方高校旅游管理专业发展定位冷思考［J］.江苏商论，2024(01):49-54.

［15］钟建明.文旅融合背景下公共图书馆研学旅游服务的核心要素与

关键策略——基于不同用户群体的比较分析 ［J］.河南图书馆学刊，2023，43(12):44-48.